スラスラ 韓国語

술술 한국어 1

スラスラ 韓国語

술술 한국어 1

고려대학교 한국어센터

이유경 심민아 홍명옥 이윤영 장은경

고려대학교출판부
KOREA UNIVERSITY PRESS

はしがき

高麗大学国際語学院韓国語センターは1986年の設立以来、体系的な教授方法を基に、多様な学習者に対して韓国語と韓国文化を教育してきました。また、学習者の要望と、最新の韓国語教授学習理論を反映した多種の韓国語教材の開発にも取り組んできました。特に2010年に完刊した「재미있는 한국어1~6」は、世界各国の韓国語教育機関において教材として用いられており、最近では中国と台湾で翻訳、出版されています。

本教材は日本人学習者のために作られた韓国語教材です。教材開発時に重きを置いた点は、日本人学習者に必要な多様なコミュニケーション状況に見合う韓国語資料を提供するということでした。特に、日韓の言語、及び文化比較を土台とした実際的な活動を盛り込み、日本人学習者の学習に役立つよう心掛けました。また、この教材は教育機関で韓国語を学ぶ学習者はもちろん、独学で韓国語を学ぶ学習者にも使っていただけるよう構成されており、日本語による詳細な説明のある別冊も付属しています。

高麗大学国際語学院韓国語センターを代表して、この教材の出版にあたり、執筆いただいた著者の皆様に心から御礼申し上げます。また、教材の完成度を高めるため、お忙しい中、監修を引き受けて下さった監修担当者に感謝申し上げます。また、韓国語センター室長、研究部長、そして韓国語講師の先生方にも感謝申し上げます。最後に教材の翻訳者と編集・出版を引き受けて下さった高麗大学出版部にも、心から感謝申し上げます。

今後、本書が多くの日本人学習者、そして日本、または韓国における様々な教育機関で有効に活用されることを願っております。さらに、本書を通じて日本人学習者が韓国語や韓国文化を容易に楽しみながら理解することができるようにと切に願っております。

2014年 7月

高麗大学国際語学院院長

はじめに

• '술술 한국어(スラスラ韓国語)1'は、短期間で韓国語を学習することを目標とする日本人学習者のための入門レベルの教材として、初級の段階から必須となるテーマや機能を中心に構成されており、特に文法や語彙は日本語と韓国語の比較を通じて、日本人学習者に必要と思われる内容を取り入れている。

• '술술 한국어(スラスラ韓国語)1'は、本教材と別冊とで構成されている。本教材はハングルの紹介と字母の練習を扱う単元の他、10単元から成っており、会話1·2、語彙と表現1·2、文法1·2、練習+、活動、発音、自己評価、文化、間違えやすい韓国語で構成されている。また別冊は独学する学習者のために、わかりやすい文法説明、語彙の日本語訳、練習問題などが含まれている。

本教材

表題

• 各単元のタイトルは、本文の対話の内容の中から、その単元の機能を象徴する文章を選定した。
• 挿絵を通して、各単元のテーマと機能を推測することができる。
• その単元で学習する目標と機能、語彙·表現、文法、発音、文化について紹介する。

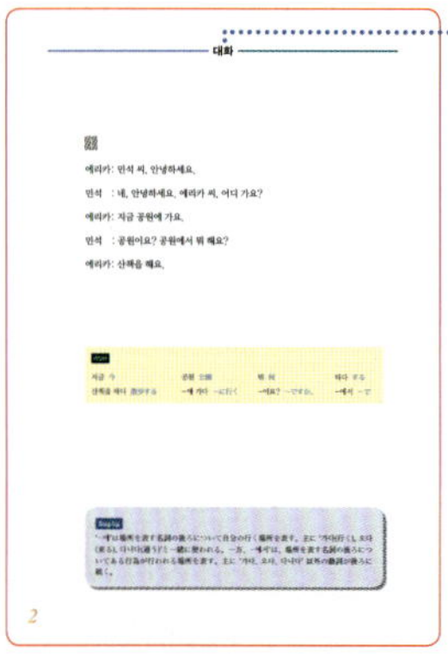

対話

• 単元ごとにある2つの対話文は、各単元のテーマと関連して典型的に見られるシーンを選択し、目標機能や文法、語彙などが適切に組み込まれるよう構成されている。
• 対話の下段には、対話を理解するのに必要な語彙を、日本語訳と合わせて提示した。

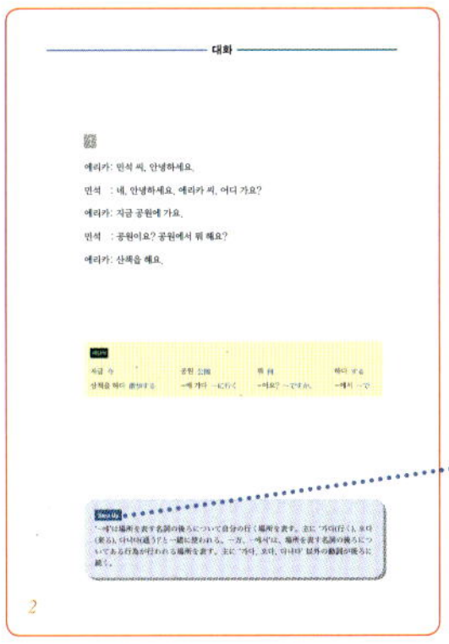

STEP UP

- ‘STEP UP’には目標文法以外に、各単元のテーマと機能を遂行するために必要と思われる文法を提示した。これらの文法は別冊にも記載されており、別途、練習することが可能となっている。

語彙・表現

- ‘語彙・表現1・2’は、各単元のテーマと機能を理解するのに必要なものを中心に選定し、学習者の理解を助けるため、挿絵と日本語訳を合わせて提示した。
- 提示された語彙・表現を活用することができるよう、簡単な練習問題が含まれている。

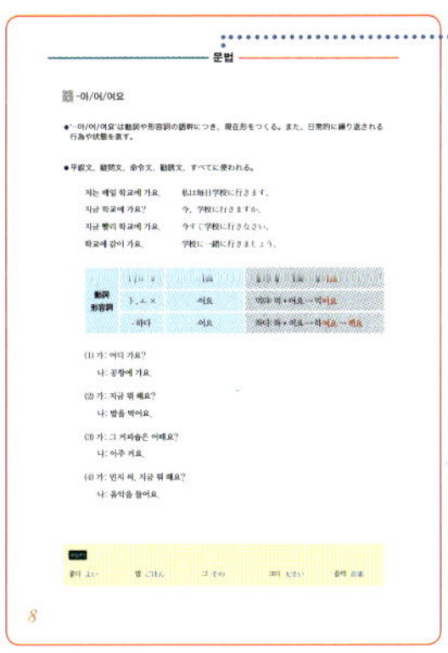

文法

- ‘文法1・2’は、各単元のテーマと機能を理解して使用するために必要な文型を中心に選定し、日本語による簡単な文法解説も提示した。
- 提示された文法を活用することができるよう、簡単な文型練習が含まれている。

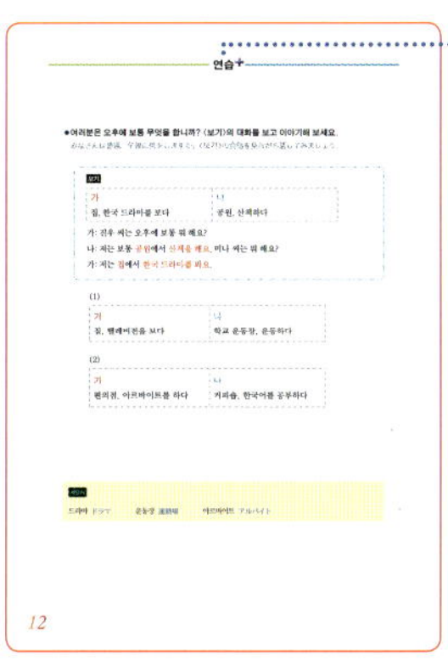

練習+

- ‘練習+’は学習した語彙・表現、文法を使用し、自然な会話を作ってみるための総合練習である。活動の前に、与えられた状況に見合う会話を、学習者が自ら作ることができるように構成されている。

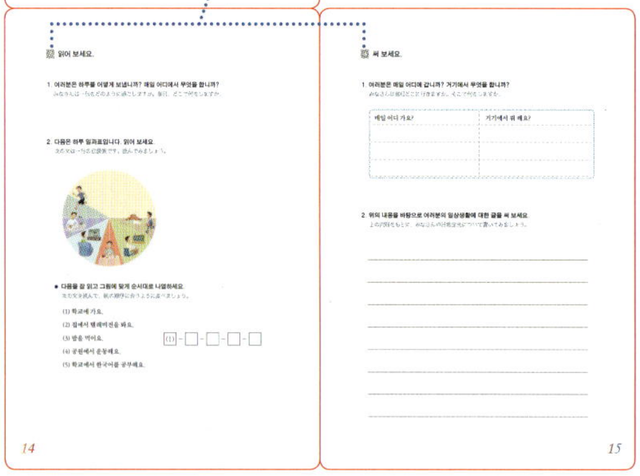

活動

- ‘活動’は‘聞いてみましょう’、‘話してみましょう’、‘読んでみましょう’、‘書いてみましょう’の4種類となっており、各単元で目標としているコミュニケーション機能を遂行することができるよう構成されている。

発音

- ‘発音’は各段階ごとに必要なものの内、日本人学習者が苦手とする発音を中心に選定した。日本語と韓国語の比較・説明を通じて学習者の理解を助ける役割をしている。

文化

- ‘文化’は各単元のテーマと関連する韓国文化の中で、特に日本人学習者が関心を持つと予想される内容を中心に選定し、説明は日本語で記載した。

間違えやすい韓国語

- ‘間違えやすい韓国語’は、日本語と似ているため、日本人学習者が間違えやすい韓国語の文法や表現を提示した。

別冊

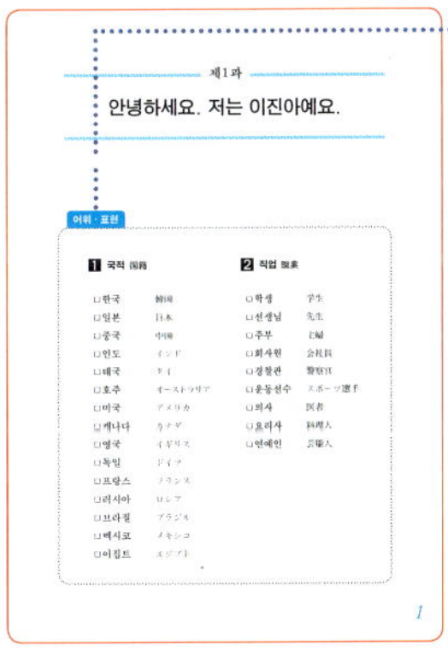

제1과

안녕하세요. 저는 이진아예요.

語彙・表現

- 各単元の‘語彙・表現1・2’で提示された語彙と表現を、日本語訳と共に整理し、目標語彙と表現がひと目で分かるようになっている。

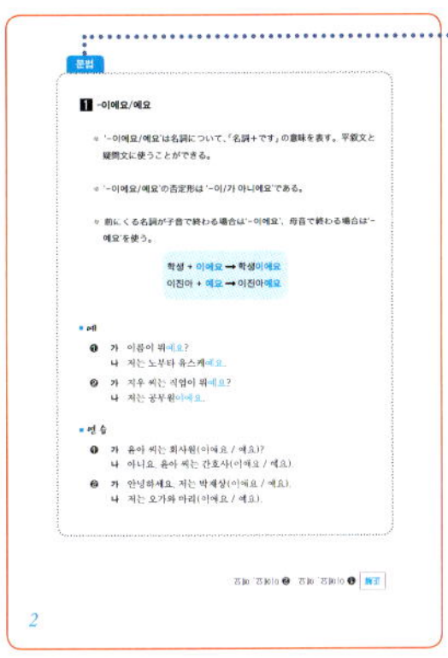

文法

- 各単元の‘文法1・2’と‘STEP UP’で提示された文法に関する詳細な日本語解説と、簡単な練習問題が含まれている。

차례

シラバス

	テーマ	語彙・表現	文法
제1과 안녕하세요. 저는 이진아예요.	自己紹介	◆ 国籍 ◆ 職業	◆ -이에요/예요 ◆ -은/는
제2과 공원에서 뭐 해요?	日常生活1	◆ 場所 ◆ 動作	◆ -아요/어요/여요 ◆ -을/를
제3과 이 사과 얼마예요?	買い物	◆ 物 ◆ 数	◆ -이/가 ◆ 助数詞
제4과 에리카 씨, 뭐 먹을래요?	料理の注文	◆ 料理 ◆ 味	◆ -고 싶다 ◆ -(으)ㄹ래요
제5과 어제 한국 친구 집에 갔어요.	日常生活2	◆ 時間1 ◆ 時間2	◆ -았/었/였- ◆ -에
제6과 문화극장에 어떻게 가요?	道案内	◆ 位置と方向 ◆ 移動	◆ -(으)세요 ◆ -(으)로
제7과 저는 축구하는 것을 좋아해요.	好きなこと	◆ 趣味 ◆ 頻度表現	◆ -는 것 ◆ -아서/어서/여서
제8과 야구를 보러 잠실에 갈 거예요.	週末活動	◆ 日にちと曜日 ◆ 週末活動	◆ -(으)ㄹ 것이다 ◆ -(으)러
제9과 밖에 눈이 와요.	天気と季節	◆ 天気 ◆ 季節/季節の活動	◆ -지만 ◆ -(으)ㄹ 수 있다/없다
제10과 청구역에서 6호선으로 갈아타야 돼요.	公共交通の利用	◆ 交通手段 ◆ 公共交通機関に関する表現	◆ -아야/어야/여야 되다 ◆ -(으)ㄹ 것이다

Syllabus

	発音	文化	間違えやすい韓国語
	疑問文のイントネーション	挨拶の言葉	
	/ㅓ/と/ㅗ/	簡単な挨拶	김 씨, 안녕하세요.
	/ㅜ/と/ㅡ/と/ㅣ/	デパート、ショッピングモール、コンビニ等でできること	
	/ㅢ/	辛くない韓国料理	저는 보통 아플 때 가족을 볼래요.
	連音	公共施設のオープン時間	
	/ㅂ/と/ㅍ/と/ㅃ/	地下鉄に乗って行くソウルの名所	친구에 만났어요.
	パッチム /ㄴ/と/ㅁ/と/ㅇ/	韓国人の趣味活動	
	パッチム /ㄱ/と/ㄷ/	韓国の祝日	저는 축구가 잘 못하지만 축구가 좋아해요.
	平叙文のイントネーション	季節ごとの日常生活表現	
	パッチム /ㄴ/と/ㄹ/	交通カードの利用方法	명동에 가고 쇼핑했어요.

ハングルを学ぶにあたって

1 ハングル

韓国固有の文字であるハングルは1443年に創製され、1446年に頒布されました。 当時、韓国は中国の漢字を文字として使用していましたが、一般庶民が中国の漢字を現在のように自由に使うことは、現実的に大きな問題を抱えていました。そのため、世宗大王によってハングルが創製され、訓民正音-民を教える正しい音-という名称で頒布されました。
ハングルは音声学的、音韻学的、哲学的研究によって作られた科学的な文字です。学んで使用するのが、非常に容易な文字であるとして、訓民正音の解例本は世界記録文化遺産に登録され、韓国の誇りとなっています。

2 ハングルの原理

● 母音の原理

母音は天(・)、地(ㅡ)、人(ㅣ)、すなわち、基本的な自然を象徴化して作られ、この３つが調和し合いながら21個の母音が作り出されました。

ㅣ+・→ㅏ　・+ㅣ→ㅓ
・+ㅡ→ㅗ　ㅡ+・→ㅜ

● 子音の原理

子音は音を作り出す発音器官である、舌、唇、歯、喉をかたどって作られた ㄱ、ㄴ、ㅁ、ㅅ、ㅇ 5つを基本子音とし、これに画を足したり、二重に表記したりして19個の子音が作り出されました。

ㄱ → ㅋ ㄲ
ㄴ → ㄷ ㅌ ㄹ ㄸ
ㅁ → ㅂ ㅍ ㅃ
ㅅ → ㅆ ㅈ ㅊ ㅉ
ㅇ → ㅎ

3 韓国語の音節構造

ハングルは漢字と違い、文字それぞれに意味があるのではなく、子音と母音が合わさって音節を構成します。一音節、または二音節以上が結合して意味を持つ単語を構成する構造の文字となっています。

- 母音

  아, 어, 오, 우, 으, 이, 애, 에, 와, 왜, 외, 워, 웨, 위, 의

- 子音＋母音

  가, 너, 도, 무, 비, 새, 제, 차, 코, 표, 해

- 母音＋子音

  약, 안, 알, 암, 옷, 영, 앞

- 子音+母音＋子音

  혹, 신, 돌, 강, 봄, 꽃, 끝, 밖, 닭

  ☞終声の位置には２つの子音がくることができます。

ハングルを学ぼう

1 基本母音

母音は口の開け方と、舌の位置により、その音が違ってきます。‘ㅏ, ㅓ, ㅗ, ㅜ, ㅡ, ㅣ’ の6つが基本母音です。‘ㅏ, ㅓ, ㅗ, ㅜ’に‘ ､ ’を追加し、‘ㅑ, ㅕ, ㅛ, ㅠ’が作られたのですが、この時、‘ㅏ, ㅑ’、‘ㅓ, ㅕ’、‘ㅗ, ㅛ’、‘ㅜ, ㅠ’それぞれの口の大きさと舌の位置は同じになります。

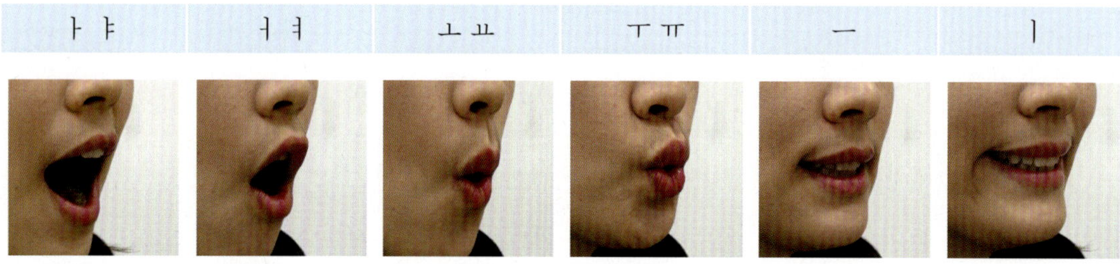

口を大きく開けて　　口を小さくすぼめて　　口を平らに左右に開いて

日本語の場合は、‘ア、イ、ウ、エ、オ’ 5つの母音しか存在しないため、韓国語の母音 ‘ㅓ, ㅕ, ㅡ’ の発音は難しく感じられると思います。また、日本語と共通する ‘ㅏ, ㅣ, ㅜ, ㅗ’の場合も、発声方法に多少違いがあるため、発音時には注意が必要です。

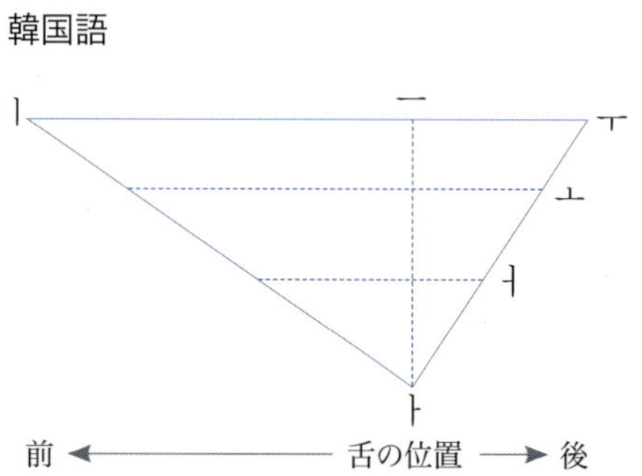

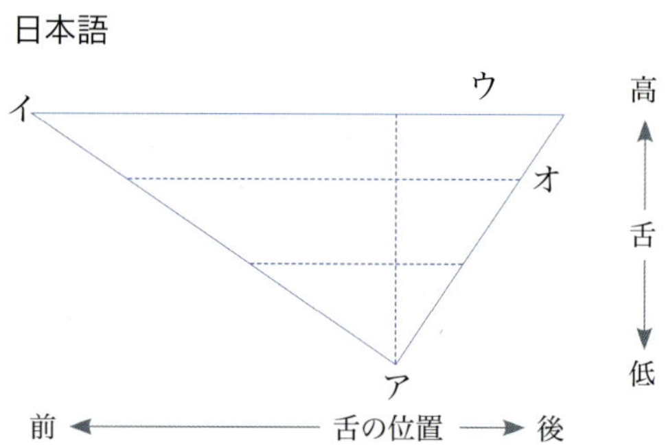

母音三角図

● よく聞いて書いてみましょう。🎧 3

母音	音	書き順					
ㅏ	[a]	ㅣ ㅏ	ㅏ	ㅏ			
ㅑ	[ja]	ㅣ ㅏ ㅑ	ㅑ	ㅑ			
ㅓ	[ʌ]	- ㅓ	ㅓ	ㅓ			
ㅕ	[jʌ]	- = ㅕ	ㅕ	ㅕ			
ㅗ	[o]	ㅣ ㅗ	ㅗ	ㅗ			
ㅛ	[jo]	ㅣ ㅣㅣ ㅛ	ㅛ	ㅛ			
ㅜ	[u]	ㅡ ㅜ	ㅜ	ㅜ			
ㅠ	[ju]	ㅡ ㅜ ㅠ	ㅠ	ㅠ			
ㅡ	[ɯ]	ㅡ	ㅡ	ㅡ			
ㅣ	[i]	ㅣ	ㅣ	ㅣ			
ㅐ	[ɛ]	ㅣ ㅏ ㅐ	ㅐ	ㅐ			
ㅔ	[e]	ㅣ ㅓ ㅔ	ㅔ	ㅔ			

2 基本子音

子音は音の作られる音声器官の形をまねて作られ‘ㄱ, ㄴ, ㅅ, ㅁ, ㅇ’の5つが基本子音となっています。‘ㄱ, ㄴ, ㅅ, ㅁ, ㅇ’に画を足し‘ㅋ, ㄷ, ㄹ, ㅌ, ㅈ, ㅊ, ㅂ, ㅍ, ㅎ’の9つの子音が追加されました。この時、‘ㅋ’,‘ㄷ, ㄹ, ㅌ’、‘ㅈ, ㅊ’,‘ㅂ, ㅍ’、‘ㅎ’は‘ㄱ, ㄴ, ㅅ, ㅁ, ㅇ’の音を出す方法は多少違いがありますが、発音される位置は同じです。

ㄱㅋ	ㄴㄷㄹㅌ	ㅅㅈㅊ	ㅁㅂㅍ	ㅇㅎ

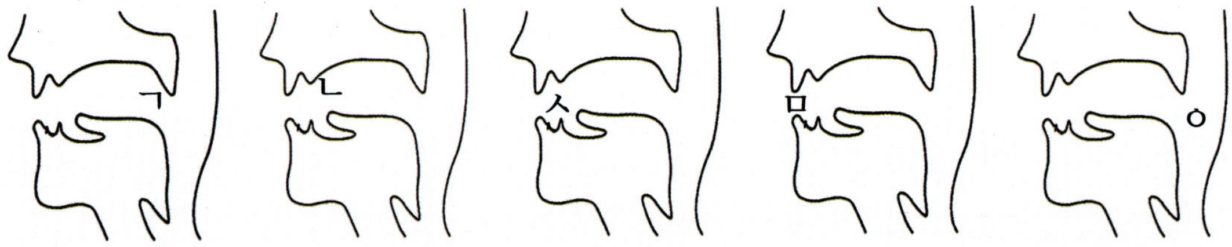

舌の内側で　上歯茎で　歯の間で　唇で　喉の奥で

日本語の五十音図を見ると、たいてい、韓国語の子音に該当する子音が含まれる音節が存在します。けれど、母音と同様に、同じ発音であっても発声方法に多少違いがあるため、発音時には注意が必要です。

● よく聞いて書いてみましょう。🎧 4

子音	音	書き順					
ㄱ	[k/g]	ㄱ	ㄱ	ㄱ			
ㄴ	[n]	ㄴ	ㄴ	ㄴ			
ㄷ	[t/d]	ㄷ ㄷ	ㄷ	ㄷ			
ㄹ	[l/ɾ]	ㄹ ㄹ ㄹ	ㄹ	ㄹ			
ㅁ	[m]	ㅁ ㅁ ㅁ	ㅁ	ㅂ			
ㅂ	[p/b]	ㅂ ㅂ ㅂ ㅂ	ㅂ	ㅂ			
ㅅ	[s/ɕ]	ㅅ ㅅ	ㅅ	ㅅ			
ㅇ	[∅]	ㅇ	ㅇ	ㅇ			
ㅈ	[tɕ]	ㅈ ㅈ	ㅈ	ㅈ			
ㅊ	[tɕh]	ㅊ ㅊ ㅊ	ㅊ	ㅊ			
ㅋ	[kh]	ㅋ ㅋ	ㅋ	ㅋ			
ㅌ	[th]	ㅌ ㅌ ㅌ	ㅌ	ㅌ			
ㅍ	[ph]	ㅍ ㅍ ㅍ ㅍ	ㅍ	ㅍ			
ㅎ	[h]	ㅎ ㅎ ㅎ	ㅎ	ㅎ			

3 子母結合 - 音節

韓国語の音節は'子音+母音'で成り立っていて、子音がなく母音だけで構成される音節の場合でも、母音単独で表記することはできません。こうした場合、子音の位置では音を作らない子音'ㅇ'がきます。
左側にまず子音を書いて'ㅏ, ㅑ, ㅓ, ㅕ, ㅣ'を子音の右側に書きます。同様に、まず上に子音を書いて'ㅗ, ㅛ, ㅜ, ㅠ, ㅡ'を子音の下に書きます。

● 書いてみましょう。

자음 \ 모음	ㅏ	ㅑ	ㅓ	ㅕ	ㅗ	ㅛ	ㅜ	ㅠ	ㅡ	ㅣ
ㄱ	가	갸	거	겨	고	교	구	규	그	기
ㄴ	나	냐	너	녀	노	뇨	누	뉴	느	니
ㄷ	다	댜	더	뎌	도	됴	두	듀	드	디
ㄹ	라	랴	러	려	로	료	루	류	르	리
ㅁ	마	먀	머	며	모	묘	무	뮤	므	미
ㅂ	바	뱌	버	벼	보	뵤	부	뷰	브	비
ㅅ	사	샤	서	셔	소	쇼	수	슈	스	시
ㅇ	아	야	어	여	오	요	우	유	으	이
ㅈ	자	쟈	저	져	조	죠	주	쥬	즈	지
ㅊ	차	챠	처	쳐	초	쵸	추	츄	츠	치
ㅋ	카	캬	커	켜	코	쿄	쿠	큐	크	키
ㅌ	타	탸	터	텨	토	툐	투	튜	트	티
ㅍ	파	퍄	퍼	펴	포	표	푸	퓨	프	피
ㅎ	하	햐	허	혀	호	효	후	휴	흐	히

● 読んでみましょう。

가수	아기	나무	비누	다리	구두
라디오	도로	머리	모자	바다	아버지
사자	시소	오리	어머니	주머니	지도
차	초	커피	코	투수	파티
포도	소파	하나	휴지	개	노래

● よく聞いて当てはまるものに ○ をつけてみましょう。🎧 5

① 아	어	오	우
② 어	오	우	으
③ 야자	여자	요자	유자
④ 오리	우리	요리	유리
⑤ 아이	오이	우이	유이
⑥ 가구	거기	고기	거구
⑦ 나사	라사		
⑧ 다도	타도		
⑨ 바다	파다		
⑩ 사비	자비	차비	

正解 ① 어, ② 우, ③ 여자, ④ 유리, ⑤ 오이, ⑥ 가구, ⑦ 라사, ⑧ 타도, ⑨ 바다, ⑩ 자비

● 書いてみましょう。

우유 우유

가구 가구

파 파

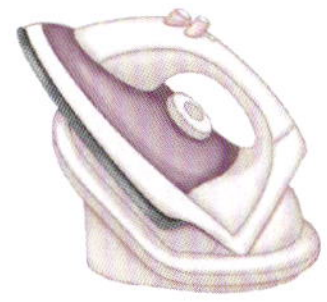

다리미 다리미

바구니 바구니

소 소

피아노 피아노

호수 호수

● よく聞いて□に当てはまる言葉を書いてみましょう。🎧 6

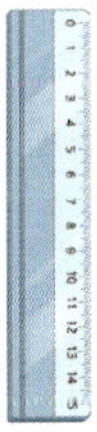

① □

② □□

③ □□

④ □□

⑤ □□

⑥ □□□

⑦ □□□

⑧ □□□□

正解 ① 자, ② 여자, ③ 기차, ④ 바지, ⑤ 커피, ⑥ 아니요, ⑦ 너구리, ⑧ 아주머니

4 二重母音

二重母音は2つ、もしくは3つの基本母音が合わさって構成されています。
'ㅜ + ㅓ = ㅝ' や 'ㅗ + ㅏ + ㅣ = ㅙ'といった形式で作られ'ㅒ, ㅖ, ㅘ, ㅙ, ㅚ, ㅝ, ㅞ, ㅟ, ㅢ' の合わせて11個です。
'ㅐ, ㅔ'、'ㅒ, ㅖ'、'ㅙ, ㅚ, ㅞ'は音声的に大きな違いはないため、多くの同音異義語が存在します。たとえば、'애(この子)'と '예(例)' などがあります。'なぜ'の意味を表す '왜'は音が似ているからといって '외'や '웨'のように書くことはできません。このように書くときには特に注意が必要です。

● よく聞いて書いてみましょう。7

母音	音	書き順					
ㅒ	[jɛ]	ㅒ ㅒ ㅒ ㅒ	ㅒ	ㅒ			
ㅖ	[je]	ㅖ ㅖ ㅖ ㅖ	ㅖ	ㅖ			
ㅘ	[wa]	ㅘ ㅘ ㅘ ㅘ	ㅘ	ㅘ			
ㅙ	[wɛ]	ㅙ ㅙ ㅙ ㅙ ㅙ	ㅙ	ㅙ			
ㅚ	[ö/wɛ]	ㅚ ㅚ ㅚ	ㅚ	ㅚ			
ㅝ	[w^]	ㅝ ㅝ ㅝ ㅝ	ㅝ	ㅝ			
ㅞ	[we]	ㅞ ㅞ ㅞ ㅞ ㅞ	ㅞ	ㅞ			
ㅟ	[y/wi]	ㅟ ㅟ ㅟ	ㅟ	ㅟ			
ㅢ	[ɰi]	ㅢ ㅢ	ㅢ	ㅢ			

- 読んでみましょう。

얘기	세계	사과	돼지	왜
회사	더워요	웨이터	귀	의자

- よく聞いて当てはまるものに○をつけてみましょう。 8

① 애기　　얘기

② 시계　　세계

③ 과도　　궤도

④ 외우다　　웨이터

⑤ 위로　　의도

正解 ① 얘기, ② 세계, ③ 과도, ④ 웨이터, ⑤ 의도

- 書いてみましょう。

시계 시계

바퀴 바퀴

화요일 화요일

너워요 더워요

- よく聞いて□に当てはまる言葉を書いてみましょう。 9

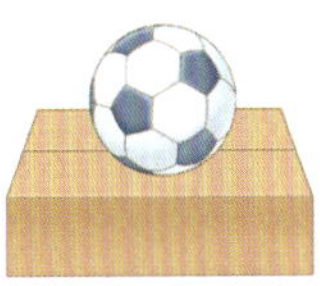

① □

② □자

③ □사

④ □□요

正解 ① 위, ② 과자, ③ 의사, ④ 추워요

5 濃音

濃音は２つの子音を重ねて作られていて、次の５つがあります。平音(ㄱ, ㄷ, ㅂ, ㅈ)、破裂音(ㅋ, ㅌ)、破擦音(ㅍ)、摩擦音(ㅅ, ㅊ)に比べ、音が高く、発音時、空気が口の外に出てきません。

● よく聞いて書いてみましょう。🎧 10

子音	音	書き順					
ㄲ	[k*]	ㄱ ㄲ	ㄲ	ㄲ			
ㄸ	[t*]	ㄷ ㄷ ㄸ ㄸ	ㄸ	ㄸ			
ㅃ	[p*]	ㅃ ㅃ ㅃ ㅃ ㅃ ㅃ ㅃ ㅃ	ㅃ	ㅃ			
ㅆ	[s*]	ㅅ ㅆ ㅆ ㅆ	ㅆ	ㅆ			
ㅉ	[tɕ*]	ㅈ ㅉ ㅉ ㅉ	ㅉ	ㅉ			

● 読んでみましょう。

까치　　코끼리　　오뚜기　　뛰어요　　오빠

뿌리　　아저씨　　쓰레기　　짜다　　찌

● よく聞いて当てはまるものに○をつけてみましょう。🎧 11

① 개다　　캐다　　깨다

② 도끼　　토끼

③ 보기　　포기

④ 사요　　싸요

⑤ 자요　　차요

正解　① 캐다, ② 토끼, ③ 포기, ④ 사요, ⑤ 차요

● 書いてみましょう。

따다 따다

예뻐요 예뻐요

씨 씨

찌개 찌개

● よく聞いて□に当てはまる言葉を書いてみましょう。 12

① 토□

② 아저□

③ □□기

④ 귀□라미

正解 ① 토끼, ② 아저씨, ③ 뻐꾸기, ④ 귀뚜라미

6 パッチム

韓国語の音節は'子音+母音+子音'で構成されることがありますが、こうした場合、音節の最後の子音を'받침(パッチム)'といいます。すべての子音はパッチムとして表記することができますが、発音する際は7つの代表音として発音されます。

● よく聞いてみましょう。 13

ㄱ	ㅋ	ㄴ	ㄷ	ㅅ	ㅈ	ㅊ	ㅌ	ㅎ	ㄹ	ㅁ	ㅂ	ㅍ	ㅇ
악	앜	안	앋	앗	앚	앛	앝	앟	알	암	압	앞	앙
[k]		[n]	[t]						[l]	[m]	[p]		[ŋ]

● 書いてみましょう。

받침	아	야	어	여	오	요	우	유	으	이
ㄱ	악	약	억	역	옥	욕	욱	육	윽	익
ㅋ	앜	얔	엌	옄	옼	욬	웈	윸	읔	잌
ㄴ	안	얀	언	연	온	욘	운	윤	은	인
ㄷ	앋	얃	얻	엳	옫	욛	욷	윧	읃	읻
ㅅ	앗	얏	엇	엿	옷	욧	웃	윳	읏	잇
ㅈ	앚	얒	엊	옂	옺	욪	웆	윶	읒	잊
ㅊ	앛	얓	엋	옃	옻	욫	웇	윷	읓	잋
ㅌ	앝	얕	엍	옅	옽	욭	웉	윹	읕	잍
ㅎ	앟	얗	엏	옇	옿	욯	웋	윻	읗	잏
ㄹ	알	얄	얼	열	올	욜	울	율	을	일
ㅁ	암	얌	엄	염	옴	욤	움	윰	음	임
ㅂ	압	얍	업	엽	옵	욥	웁	윱	읍	입
ㅍ	앞	얖	엎	옆	옾	욮	웊	윺	읖	잎
ㅇ	앙	양	엉	영	옹	용	웅	융	응	잉

● 読んでみましょう。

학교　　부엌　　밖　　산

듣다　　옷　　낮　　꽃　　밭　　히읗　　있다

할머니　　김치　　집　　숲　　선생님

● よく聞いて当てはまるものに○をつけてみましょう。 14

①옥　　옷　　옹

②잔　　잣

③반　　방　　밤

④강　　감　　갑

⑤굴다　　구르다

正解 ①옥, ②잣, ③밤, ④감, ⑤굴다

● 書いてみましょう。

한국 한국

일본 일본

숟가락 숟가락

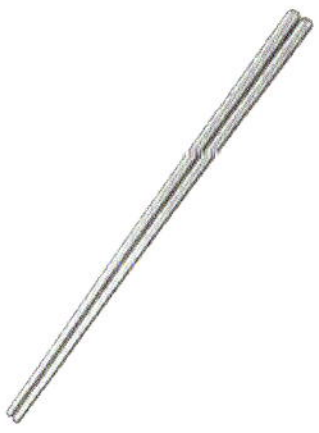
젓가락 젓가락

연필 연필

밤 밤

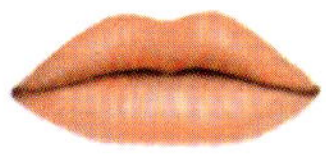
입 입

빵 빵

● よく聞いて□に当てはまる言葉を書いてみましょう。🎧 15

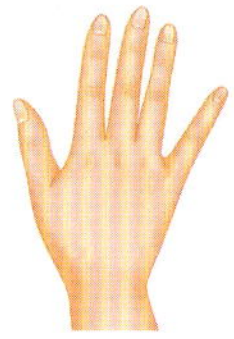

① □

② □생

③ □화

④ □기

⑤ □자

⑥ □□

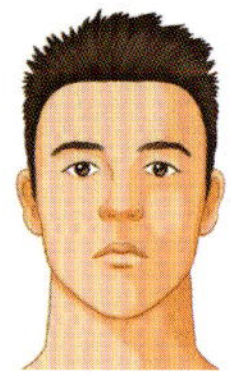

⑦ □□

⑧ □□

正解 ① 손, ② 학생, ③ 영화, ④ 딸기, ⑤ 감자, ⑥ 안경, ⑦ 얼굴, ⑧ 식탁

7 連音

2音節以上の単語で、前の音節の最後が子音で終わり、その後ろの音節が母音で始まる場合、前の音節の最後の子音が後ろの音節の最初の子音として発音されます。

● よく聞いてみましょう。 16

パッチム		発音	
ㄱ	ㄱ ㅋ ㄲ ㄺ	국기 〔국-〕 부엌 〔-억〕 밖 〔박〕 읽다 〔익-〕	국어 〔구거〕 부엌에 〔부어케〕 밖에서 〔바께서〕 읽어요 〔일거요〕
ㄴ	ㄴ ㄵ ㄶ	산속 〔산-〕 앉다 〔안-〕 많다 〔만-〕	산에 〔사네〕 앉아요 〔안자요〕 많이 〔마니〕
ㄷ	ㄷ ㅅ ㅈ ㅊ ㅌ ㅎ ㅆ	받다 〔받-〕 웃다 〔욷-〕 꽃집 〔꼳-〕 좋다 〔졷-〕 있다 〔읻-〕	받아요 〔바다요〕 웃어요 〔우서요〕 꽃을 〔꼬츨〕 좋아요 〔조아요〕 있어요 〔이써요〕
ㄹ	ㄹ	알다 〔알-〕 달라요 〔달-〕	알아요 〔아라요〕 달아요 〔다라요〕
ㅁ	ㅁ	음식 〔음-〕	음악 〔으막〕
ㅂ	ㅂ ㅍ ㅄ	좁다 〔좁-〕 옆집 〔엽-〕 없다 〔업-〕	좁아요 〔조바요〕 옆에서 〔여페서〕 없어요 〔업서요〕
ㅇ	ㅇ	가방 〔-방〕	가방이 〔-방이〕

● 読んでみましょう。

① 저는 한국어를 공부해요.　② 저는 부산에 살아요.

③ 아침에 신문을 읽어요.　④ 집에서 텔레비전을 봐요.

⑤ 많이 웃으세요.　⑥ 음악을 들어요.

⑦ 한국 음식을 만들어요.　⑧ 이 자리에 앉으세요.

⑨ 회사 앞에 커피숍이 있어요.　⑩ 꽃이 많아요.

⑪ 낮에 명동에서 선생님을 만났어요.　⑫ 오늘 약속이 없어요.

제1과 안녕하세요. 저는 이진아예요.

目標	自己紹介に必要な語彙と挨拶表現を学び、初めて会う人に自己紹介する。
語彙・表現	国籍, 職業
文法	-이에요/예요, -은/는
発音	疑問文のイントネーション
文化	挨拶の言葉

대화

1 🎧 17

진아: 안녕하세요. 저는 이진아예요.

켄토: 안녕하세요. 처음 뵙겠습니다.

저는 와타나베 켄토예요.

진아: 켄토 씨는 어디에서 왔어요?

켄토: 저는 일본 도쿄에서 왔어요.

새단어

저 わたし　(이름) 씨 (名前) さん　어디 どこ　일본 日本
도쿄 東京　안녕하세요. こんにちは。　처음 뵙겠습니다. はじめまして。
−에서 오다 −から来る

Step Up

'−에서 오다'は、国籍や故郷について話すときに使う表現で、主に '−에서 왔어요.(−から来ました)'の形で使う。

2 🎧 18

민석　: 안녕하세요. 저는 김민석이에요. 이름이 뭐예요?

에리카: 저는 니시다 에리카예요. 민석 씨는 학생이에요?

민석　: 아니요. 저는 회사원이에요.

에리카: 아, 그래요? 저는 학생이에요. 만나서 반갑습니다.

새단어

학생 学生　　회사원 会社員　　이름이 뭐예요? 名前は何ですか。

아니요. いいえ。　　그래요? そうですか。

만나서 반갑습니다. お会いできてうれしいです。

1 국적

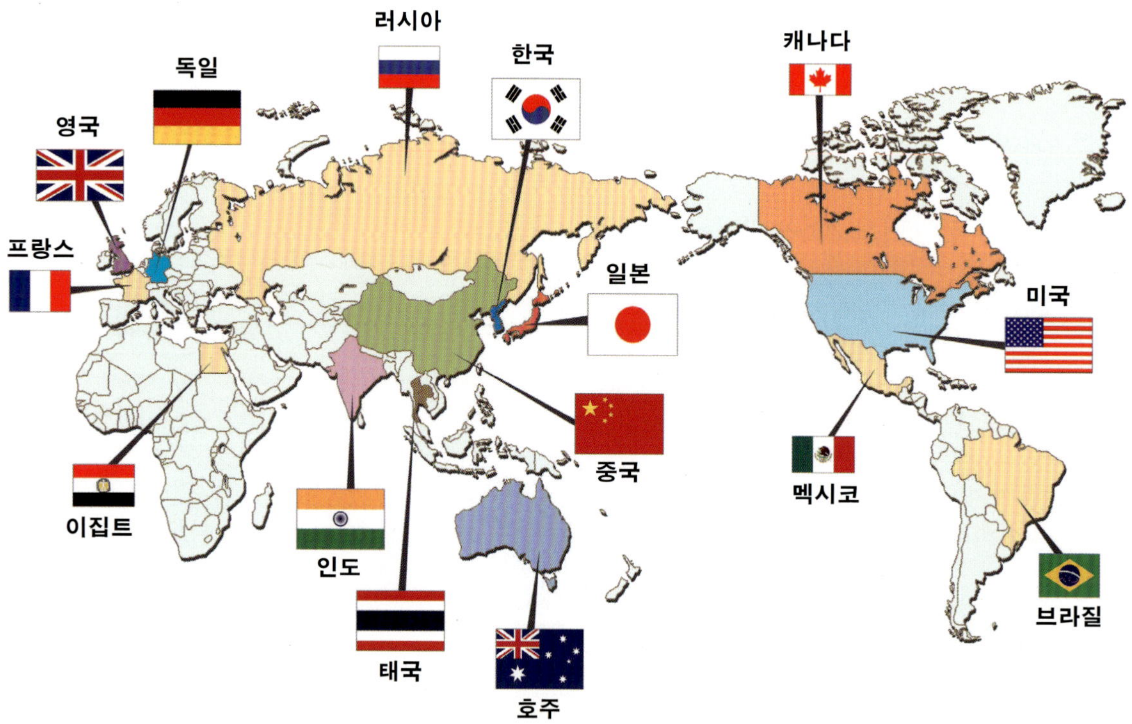

국적 国籍

한국 韓国	일본 日本	중국 中国	인도 インド
태국 タイ	호주 オーストラリア	미국 アメリカ	캐나다 カナダ
영국 イギリス	독일 ドイツ	프랑스 フランス	러시아 ロシア
브라질 ブラジル	멕시코 メキシコ	이집트 エジプト	

연습 1 다음 그림을 보고 〈보기〉와 같이 이야기해 보세요.
次の絵を見ながら例のように話してみましょう。

보기

가: 어디에서 왔어요?

나: 영국에서 왔어요.

(1)

(2)

(3)

(4)

(5)

(6)

2 직업

학생

선생님

주부

회사원

경찰관

운동선수

의사

요리사

연예인

직업 職業

학생 学生	선생님 先生	주부 主婦	회사원 会社員	경찰관 警察官
운동선수 スポーツ選手	의사 医者	요리사 料理人	연예인 芸能人	

연습 1 다음 그림을 보고 〈보기〉와 같이 이야기해 보세요.

次の絵を見ながら例のように話してみましょう。

보기

가: 직업이 뭐예요?

나: 요리사예요.

(1)

(2)

(3)

(4)

(5)

(6)

새단어

직업이 뭐예요? 職業は何ですか。

1 -이에요/예요

- '-이에요/예요'は名詞について、「名詞＋です」の意味を表す。平叙文と疑問文に使うことができる。

名詞の最後の音節	받침 ○	-이에요	학생 + 이에요 → 학생**이에요**
	받침 ×	-예요	이진아 + 예요 → 이진아**예요**

(1) 가: 이름이 뭐예요?

나: 저는 노부타 유스케예요.

(2) 가: 지우 씨는 직업이 뭐예요?

나: 저는 공무원이에요.

(3) 가: 윤아 씨는 회사원이에요?

나: 아니요. 윤아 씨는 간호사예요.

(4) 가: 안녕하세요. 저는 박재상이에요.

나: 저는 오가와 마리예요.

새단어

공무원 公務員　간호사 看護師

연습 1 〈보기〉와 같이 표시하세요.

例のように○をつけてみましょう。

보기 학생(이에요 / 예요)

(1) 에리(이에요 / 예요)　　(2) 한지민(이에요 / 예요)

(3) 의사(이에요 / 예요)　　(4) 공무원(이에요 / 예요)

연습 2 다음 그림을 보고 〈보기〉와 같이 ______에 알맞은 말을 넣어 이야기한 후 쓰세요.

次の絵を見ながら、例のように ______に当てはまる言葉を入れて話してみましょう。
その後、下線部に書いてみましょう。

보기

가: 치히로 씨는 회사원이에요?

나: 아니요. 주부예요.

(1) 가: 상진 씨는 직업이 뭐예요?

나: 저는 ______________________________.

김수진

(2) 가: 이름이 뭐예요?

나: 저는 ______________________________.

(3) 가: 신지 씨는 학생이에요?

나: 아니요. 신지 씨는 __________________.

유스케

(4) 가: ______________________________?

나: ______________________________.

연습 3 이름과 직업에 대해서 친구와 이야기해 보세요.
名前と職業について友だちと一緒に話してみましょう。

이름	직업	이름	직업

2 -은/는

- '-은/는'は名詞について、その名詞が文章の主題であることを表す。

名詞の最後の音節	받침 ㅇ	-은	선생님 + 은 → 선생님**은**
	받침 ×	-는	저 + 는 → 저**는**

(1) 가: 안녕하세요. 저는 야마모토 하루카예요.
 나: 안녕하세요. 저는 이진아예요.

(2) 가: 하루카 씨는 선생님이에요?
 나: 네, 저는 일본어 선생님이에요.

(3) 가: 박 선생님은 고향이 어디예요?
 나: 제 고향은 부산이에요.

(4) 가: 케이코 씨는 도쿄에서 왔어요?
 나: 아니요. 저는 오사카에서 왔어요.

새단어

일본어 日本語　　제 わたしの　　고향 故郷　　부산 釜山(地名)　　오사카 大阪
네. はい。

연습 1 〈보기〉와 같이 표시하세요.

例のように○をつけてみましょう。

보기 에리카 씨(은 / (는)) 학생이에요.

(1) 현지(은 / 는) 학생이에요.

(2) 영아 씨(은 / 는) 학생이에요.

(3) 제 이름(은 / 는) 이지영이에요.

(4) 다니엘 선생님(은 / 는) 미국 사람이에요.

새단어 (나라) 사람 (国) 人

연습 2 다음 그림을 보고 〈보기〉와 같이 ______에 알맞은 말을 넣어 이야기한 후 쓰세요.

次の絵を見ながら、例のように ______ に当てはまる言葉を入れて話してみましょう。
その後、下線部に書いてみましょう。

보기

가: 어디에서 왔어요?

나: 저는 도쿄에서 왔어요.

아사리 아유미

(1) 가: 안녕하세요. 저는 이동진이에요.
이름이 뭐예요?

나: ______________________________.

(2) 가: 종인 씨는 학생이에요?

나: 아니요. ______________________________.

(3) 가: 수경 씨, 고향이 어디예요?

나: ______________________________.

(4) 가: ______________________________?

나: ______________________________.

연습+

● 여러분은 처음 만난 사람과 무슨 이야기를 합니까? 〈보기〉의 대화를 보고 이야기해 보세요.
みなさんは初めて会った人とどんな話をしますか。例のように話してみましょう。

가 김수진
서울

나 이시이 리키
일본 오사카

보기

가: 처음 뵙겠습니다. 저는 김수진이에요. 이름이 뭐예요?

나: 저는 이시이 리키예요.

가: 리키 씨는 어디에서 왔어요?

나: 저는 일본 오사카에서 왔어요. 수진 씨 고향은 어디예요?

가: 서울이에요. 리키 씨는 학생이에요?

나: 아니요. 저는 경찰관이에요. 수진 씨는 직업이 뭐예요?

가: 저는 학생이에요. 만나서 반갑습니다.

나: 만나서 반갑습니다.

(1)

가 이진영
부산

나 스즈키 히로
일본 교토

(2)

가 송종인
서울

나 아사리 아유미
일본 나고야

새단어

교토 京都　　나고야 名古屋

활동

1 들어 보세요. 19

1. 여러분은 처음 만난 사람과 인사할 때 무슨 이야기를 합니까?
   みなさんは初めて会った人に挨拶をするとき、どんな話をしますか。

2. 다음은 처음 만난 사람들의 대화입니다. 들어 보세요.
   次は、初対面の人たちの会話です。聞いてみましょう。

   - 다음 질문에 답하세요.
     次の質問に答えてみましょう。

     (1) 여자는 어디에서 왔어요?

     (2) 남자는 직업이 뭐예요?

① 
② 
③ 
④ 

새단어

친구 友だち　　여자 女性　　남자 男性

2 이야기해 보세요.

1. 여러분은 처음 만난 사람에게 자신을 어떻게 소개하고 싶습니까?
   みなさんは初めて会った人に、どのように自己紹介したいですか。

2. 사람들과 서로 자기 소개를 해 보세요.
   お互いに自己紹介をしてみましょう。

3 읽어 보세요.

1. 여러분은 자기소개를 하는 글을 읽어 본 적이 있습니까? 어떤 내용이 있었습니까?
   みなさんは自己紹介文を読んだことがありますか。どのような内容が書かれていましたか。

2. 다음은 자신을 소개하는 글입니다. 읽어 보세요.
   次の文は自己紹介文です。読んでみましょう。

   안녕하세요. 처음 뵙겠습니다. 저는 카토 사토미예요.

   일본에서 왔어요. 제 고향은 도쿄예요.

   저는 일본어 선생님이에요.

   만나서 반갑습니다.

- 다음 질문에 답하세요.
  次の質問に答えてみましょう。

  (1) 이 사람은 이름이 뭐예요?

  (2) 이 사람은 어디에서 왔어요?

  (3) 이 사람은 직업이 뭐예요?

연습 1 **다음 그림과 어울리는 단어를 찾아 연결해 보세요.**

次の絵に関連する単語を見つけて、線でつないでみましょう。

(1)

● ——— ● 먹다

(2)

● 　　● 사다

(3)

● 　　● 공부하다

(4)

● 　　● 운동하다

(5)

● 　　● 마시다

(6)

● 　　● 보다

4 써 보세요.

1. 여러분은 자신을 소개하는 글에 어떤 내용을 쓰겠습니까? 간단하게 메모해 보세요.
   みなさんは自己紹介文にどのような内容を書きますか。簡単にメモしてみましょう。

2. 위의 내용을 바탕으로 자신을 소개하는 글을 써 보세요.
   上の内容をもとに、自己紹介文を書いてみましょう。

발음

● 次の文をイントネーションに注意しながら読んでみましょう。

이름이 뭐예요?

학생이에요?

韓国語では、疑問文は文末を上げ、答えとなる平叙文では文末を下げます。
疑問詞('何'、'どこ'等)がある疑問文の場合は、文末の音だけを、下げてすぐに上げます。疑問詞のない疑問文の場合は、最後から2番目の音を下げて、文末の音は上げます。 日本語の場合、平叙文と疑問文の形が違いますが、韓国語ではこれらが同一である場合があるため、文章だけでは質問なのか、返事なのかの判断が難しく、イントネーションにより一層注意しなければなりません。

가: 고향이 어디예요?

나: 오사카예요.

가: 회사원이에요?

나: 네, 회사원이에요.

● 読んでみましょう。 20

(1) 직업이 뭐예요?

(2) 고향이 어디예요?

(3) 가: 영진 씨는 회사원이에요?
　　나: 네. 회사원이에요.

자기평가

名前や職業、故郷を聞いて答えることができますか。			
初めて会った人に自己紹介をして挨拶することができますか。			

"안녕하세요."

● 관광 안내소에서 일을 보고 나갈 때 어떻게 인사해야 할까요?

用事を済ませて観光案内所から出るとき、どのような挨拶をすればいいでしょうか。

日常生活で簡単に使用できる表現をいくつか見ていきましょう。
まず、人に会ったときは、朝、昼、夜、時間に関係なく"안녕하세요."、知らない相手に話しかけるときは"실례합니다."と言います。感謝の気持ちを伝えるとき、自分より相手が年上の場合や、あまり親しくない場合は"감사합니다."と言い、親しい間柄であれば"고마워요."と言います。また、何か失敗を犯したり、相手に迷惑をかけてしまった場合などは"미안해요/죄송해요."と言えば大丈夫です。誰かと一緒にいるとき、相手より自分が先に行かなければならない場合は"안녕히 계세요."、相手が先に行く場合は"안녕히 가세요."と声をかけましょう。

● 관광 안내소에서 나올 때 뭐라고 하면 좋을까요?

用事を済ませて観光案内所から出るとき、何と言えばいいでしょうか。

제2과 공원에서 뭐 해요?

目標	基本的な動詞と場所を表す語彙を学び、特定の場所での自分の日常生活について話す。
語彙・表現	場所, 動作
文法	-아요/어요/여요, -을/를
発音	/ㅓ/, /ㅗ/
文化	簡単な挨拶

대화

1 21

에리카: 민석 씨, 안녕하세요.

민석　: 네, 안녕하세요. 에리카 씨, 어디 가요?

에리카: 공원에 가요.

민석　: 공원이요? 공원에서 뭐 해요?

에리카: 산책을 해요.

새단어

공원 公園	뭐 何	하다 する	산책을 하다 散歩する
-에 가다 ～に行く	-이요? ～ですか。	-에서 ～で	

Step Up

'-에'は場所を表す名詞の後ろについて自分の行く場所を表す。主に '가다(行く), 오다(来る), 다니다(通う)'と一緒に使われる。一方、'-에서'は、場所を表す名詞の後ろについてある行為が行われる場所を表す。

2

22

진아: 켄토 씨는 퇴근 후에 보통 뭐 해요?

켄토: 저는 학원에서 한국어를 배워요.

진아: 한국어 공부는 어때요?

켄토: 아주 재미있어요. 진아 씨는 퇴근 후에 뭐 해요?

진아: 저는 집에서 텔레비전을 봐요. 그리고 책도 읽어요.

새단어

퇴근 후 退勤後	보통 普通	학원 塾	한국어 韓国語
배우다 学ぶ	공부 勉強する	아주 とても	재미있다 おもしろい
집 家	텔레비전 テレビ	보다 見る	그리고 そして
책 本	읽다 読む	어때요? どうですか。	-도 -も

1 장소

집

학교

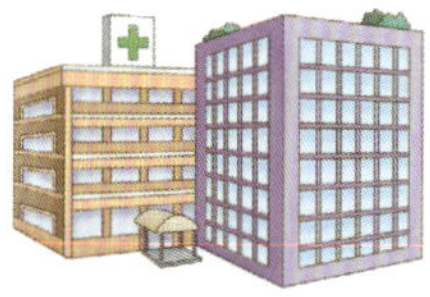
병원

은행

공원

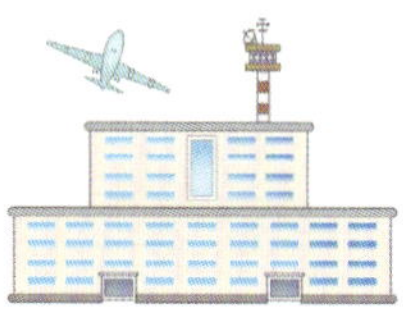
공항

식당

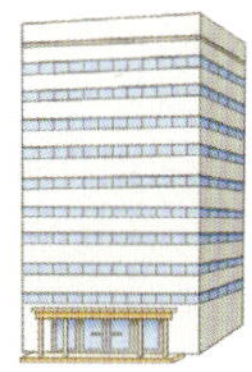
회사

극장

커피숍

백화점

편의점

장소 場所

집 家	학교 学校	병원 病院	은행 銀行
공원 公園	공항 空港	식당 食堂	회사 会社
극장 劇場	커피숍 コーヒーショップ	백화점 デパート	편의점 コンビニ

연습 1 다음 그림을 보고 〈보기〉와 같이 이야기해 보세요.

次の絵を見ながら例のように話してみましょう。

보기

가: 어디예요?

나: 집이에요.

(1)

(2)

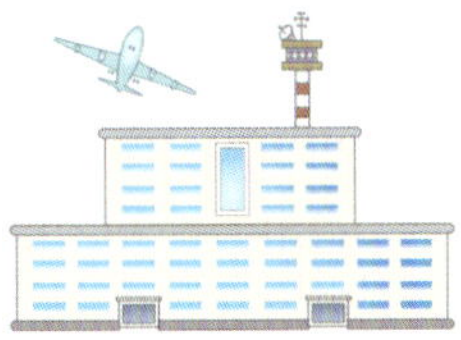

(3)

(4)

(5)

(6)

2 동작

가다

사다

오다

보다

쓰다

마시다

먹다

읽다

듣다

이야기하다

운동하다

공부하다

동작 動作

가다 行く	사다 買う	오다 来る	보다 見る
쓰다 書く	마시다 飲む	먹다 食べる	읽다 読む
듣다 聞く	이야기하다 話す	운동하다 運動する	공부하다 勉強する

문법

1 -아요/어요/여요

- '-아요/어요/여요'は動詞や形容詞の語幹につき、現在形をつくる。また、日常的に繰り返される行為や状態を表す。

- 平叙文、疑問文、命令文、勧誘文、すべてに使われる。

저는 매일 학교에 가요.	私は毎日学校に行きます。
지금 학교에 가요?	今、学校に行きますか。
지금 빨리 학교에 가요.	今すぐ学校に行きなさい。
학교에 같이 가요.	学校に一緒に行きましょう。

動詞・形容詞の語幹	ㅏ, ㅗ ○	-아요	좋다: 좋 + 아요 → 좋**아요**
	ㅏ, ㅗ ×	-어요	만들다: 만들 + 어요 → 만들**어요**
	하다	-여요	하다: 하 + 여요 → 하**여요** → **해요**

(1) 가: 어디 가요?

나: 공항에 가요.

(2) 가: 지금 뭐 해요?

나: 밥을 먹어요.

(3) 가: 민지 씨, 지금 뭐 해요?

나: 운동해요.

(4) 가: 그 커피숍은 어때요?

나: 아주 커요.

새단어

매일 毎日	지금 今	빨리 今すぐ	같이 一緒に
좋다 よい	만들다 作る	밥 ごはん	그 その
크다 大きい	음악 音楽		

연습 1 〈보기〉와 같이 쓰세요.
例のように書いてみましょう。

보기 좋다 → 좋아요

(1) 놀다 → ______　(2) 읽다 → ______

(3) 가다 → ______　(4) 오다 → ______

(5) 운동하다 → ______　(6) 공부하다 → ______

(7) 크다 → ______　(8) 아프다 → ______

(9) 마시다 → ______　(10) 듣다 → ______

새단어

놀다 遊ぶ　　아프다 痛い、具合が悪い

연습 2 다음 그림을 보고 〈보기〉와 같이 이야기해 보세요.
次の絵を見ながら例のように話してみましょう。

보기

가: 뭐 해요?

나: 운동해요.

(1) 

(2) 

(3) 

(4) 

(5) 

(6) 

2 -을/를

- '-을/를'は名詞について行為の目的となる物や対象を表す。会話では'-을/를'が省略されることがよくある。

名詞の最後の音節	받침 ㅇ	-을	학생+을→학생을
	받침 ×	-를	민아 씨+를→민아 씨를

(1) 가: 오후에 보통 뭐 해요?

나: 저는 학교에서 한국어를 공부해요.

(2) 가: 매일 신문을 읽어요?

나: 네, 저는 매일 읽어요.

(3) 가: 오늘 뭐 해요?

나: 명동에서 친구를 만나요.

(4) 가: 어디에서 밥을 먹어요?

나: 보통 학생 식당에서 먹어요.

새단어

오후에 午後に	매일 毎日	신문 新聞	오늘 今日
만나다 会う	명동 明洞(地名)		

연습 1 〈보기〉와 같이 쓰세요.

例のように書いてみましょう。

> **보기** 한국어를 공부해요.

(1) 커피____ 마셔요.　　　(2) 밥____ 먹어요.

(3) 음악____ 들어요.　　　(4) 아이스크림____ 사요.

연습 2 다음 그림을 보고 〈보기〉와 같이 ______에 알맞은 말을 넣어 이야기한 후 쓰세요.

次の絵を見ながら、例のように ___に当てはまる言葉を入れて話してみましょう。
その後、下線部に書いてみましょう。

> **보기**
> 가: 뭐 해요?
> 나: 편의점에서 빵을 사요.

(1) 가: 매일 뭐 해요?

나: ______________________________.

(2) 가: 지금 뭐 해요?

나: ______________________________.

(3) 가: 운동해요?

나: 아니요. 집에서 ______________.

(4) 가: ______________________________?

나: ______________________________.

새단어

빵 パン　　　편지 手紙

● 여러분은 오후에 보통 무엇을 합니까? 〈보기〉의 대화를 보고 이야기해 보세요.
みなさんは普通、午後に何をしますか。〈보기〉の会話を見ながら話してみましょう。

보기

가	나
집, 한국 드라마를 보다	공원, 산책하다

가: 진우 씨는 오후에 보통 뭐 해요?
나: 저는 보통 공원에서 산책을 해요. 미나 씨는 뭐 해요?
가: 저는 집에서 한국 드라마를 봐요.

(1)

가	나
집, 텔레비전을 보다	학교 운동장, 운동하다

(2)

가	나
편의점, 아르바이트를 하다	커피숍, 한국어를 공부하다

새단어

드라마 ドラマ　　운동장 運動場　　아르바이트 アルバイト

1 들어 보세요. 🎧 23

1. 여러분은 직장 동료나 학교 친구와 일상생활에 대해 무슨 이야기를 합니까?
   みなさんは職場の同僚や、学校の友人と日常生活に関してどんな話をしますか?

2. 다음은 직장 동료와의 대화입니다. 들어 보세요.
   次の会話は職場の同僚の会話です。聞いてみましょう。

- 다음 질문에 답하세요.
  次の質問に答えてみましょう。

(1) 남자는 어디에 가서 뭐 해요?

①  ②  ③  ④ 

(2) 여자는 어디에 가서 뭐 해요?

①  ②  ③  ④ 

새단어

퇴근하다 退勤する　　요즘 最近　　날씨 天気

2 이야기해 보세요.

1. 여러분의 일상생활에 대해 무엇을 이야기하고 싶습니까?
   みなさんは日常生活について、どんな話をしたいですか。

2. 여러분이 매일 어디에 가는지, 무엇을 하는지 친구와 이야기해 보세요.
   みなさんが毎日どこに行くのか、何をするのか、友だちと話してみましょう。

3 읽어 보세요.

1. 여러분은 하루를 어떻게 보냅니까? 매일 어디에서 무엇을 합니까?
   みなさんは一日をどのように過ごしますか。毎日、どこで何をしますか。

2. 다음은 하루 일과표입니다. 읽어 보세요.
   次の文は一日の日課表です。読んでみましょう。

- **다음을 잘 읽고 그림에 맞게 순서대로 나열하세요.**
  次の文を読んで、絵の順序に合うように並べましょう。

(1) 학교에 가요.

(2) 집에서 텔레비전을 봐요.

(3) 밥을 먹어요.

(4) 공원에서 운동해요.

(5) 학교에서 한국어를 공부해요.

(1) – □ – □ – □ – □

4 써 보세요.

1. 여러분은 매일 어디에 갑니까? 거기에서 무엇을 합니까?
   みなさんは毎日どこに行きますか。そこで何をしますか。

매일 어디 가요?	거기에서 뭐 해요?

2. 위의 내용을 바탕으로 여러분의 일상생활에 대한 글을 써 보세요.
   上の内容をもとに、みなさんの日常生活について書いてみましょう。

발음

● 次の単語を/ㅓ/と/ㅗ/の発音に注意して読んでみましょう。

어이 - 오이

/ㅓ/は日本語にはない発音です。/ㅏ/の発音する時より、あごを少し上げて発音します。この際、口を十分に開かずに発音すると/ㅡ/に近い音となってしまうため、注意が必要です。(p.12の写真参照)
/ㅗ/は日本語の/オ/に該当する音ですが、韓国語の/ㅗ/は日本語の/オ/より、さらにすぼめた口から出る音なので、唇をつき出すように丸めて発音しなくてはいけません。そうでないと音がこもってしまい、/ㅡ/の音のように聞こえます。

● 読んでみましょう。🎧 24

(1) 어머니 – 고모

(2) 오이도 먹고 토마토도 먹었어요.

(3) 버스를 타고 언니 집에 갔어요.

자기평가

・場所とその場所での出来事について表現することができますか。	😊	😐	😟
・自分の日常生活について話すことができますか。	😊	😐	😟

"밥 먹었어요?"

● 길을 가다가 아는 사람을 만났을 때 어떻게 인사를 할까요?
道で知人に会ったとき、どのような挨拶をすればいいでしょうか。

韓国では道で知人に会ったとき'어디 가요?(どこに行きますか。)'、'밥 먹었어요?(ご飯食べましたか。)' '식사는 하셨어요?(食事はしましたか。)'などと尋ねる人が多いです。これは'어디 가요?', '식사는 하셨어요?'が挨拶のように使われるためで、このような質問は、特に具体的な返事を期待するものではありません。このように質問された場合は'네, OO씨는요?(はい、OOさんは。)'という風に、簡単に答えても構いません。
これ以外にも韓国の人たちが別れるときに交わす挨拶に、'잘 가요(気をつけて)'、'또 봐요(またお会いしましょう)'、'다음에 봐요(次に会いましょう)'などがあります。

● 길에서 친구를 만났을 때 가볍게 인사를 나눠 보세요.
道で友だちに会ったとき、軽く挨拶を交わしてみましょう。

알쏭달쏭 한국어

韓国語で名前の後ろに付ける'씨'は、一般的に日本語では「さん」と訳される場合が多いのですが、実はその使い方には違いがあります。
'씨'は同年代、もしくは年下の相手を、公式な場で呼んだり、また、あまり親しくない相手を、丁寧に呼ぶ際に使われます。したがって目上の人に対して使うことはできません。
また、苗字につけて使うことのできる「さん」と違い、韓国語の'씨'は'苗字+名前'または'名前'の後ろにつけるため、'김 씨、박 씨'という言い方はあまり使いません。また、日常的に芸能人について話をする際には通常'씨'は使いません。

● 次の文章のうち、正しいものを選んで話してみましょう!

(1)

(2)

正解 (1)①, (2)②

제3과 이 사과 얼마예요?

目標	物を買う時に必要な語彙と表現を学び、品物の値段を聞いて買えるようにする。
語彙・表現	物、数
文法	-이/가, 助数詞
発音	/ㅜ/, /ㅡ/, /ㅣ/
文化	デパート、ショッピングモール、コンビニ等でできること

대화

1 25

주인　: 어서 오세요.

에리카: 아주머니, 이 사과 얼마예요?

주인　: 천삼백 원이에요.

에리카: 배는 얼마예요?

주인　: 이천 원이에요.

에리카: 그러면 사과 다섯 개하고 배 두 개 주세요.

새단어

주인　主人、店主	아주머니　おばさん	이　この	사과　りんご
배　梨	그러면　それでは	어서 오세요.　いらっしゃいませ。	
얼마예요?　いくらですか。	주세요　ください	원　ウォン	
개　個	-하고　～と		

Step Up

'이' '그' '저' はそれぞれ'この''その''あの'を意味していて、対象となる物が何なのか正確に示す時に使用する表現である。'이 사람' '그 사람' '저 사람' のように後ろに名詞を伴い、物を示す場合には、'이것(これ) '그것(それ)' '저것(あれ)'を使う。

2

26

점원: 어서 오세요. 뭘 찾으세요?

켄토: 바나나우유 어디 있어요?

점원: 저기 있어요.

켄토: 얼마예요?

점원: 천 원이에요.

켄토: 여기 있어요.

새단어

점원 店員　바나나우유 バナナ牛乳　저기 あそこ　있다 ある

뭘 찾으세요? 何をお探しですか。　여기 있어요. ここにあります。

1 물건

빵

우유

커피

물

주스

과자

라면

아이스크림

휴지

볼펜

연필

사과

배

귤

수박

바나나

물건 物

빵 パン	우유 牛乳	커피 コーヒー	물 水
주스 ジュース	과자 お菓子	라면 ラーメン	아이스크림 アイスクリーム
휴지 トイレットペーパー	볼펜 ボールペン	연필 鉛筆	사과 りんご
배 梨	귤 みかん	수박 すいか	바나나 バナナ

연습 1 다음 그림을 보고 〈보기〉와 같이 이야기해 보세요.

次の絵を見ながら例のように話してみましょう。

보기

가: 뭐 사요?

나: 우유를 사요.

(1)

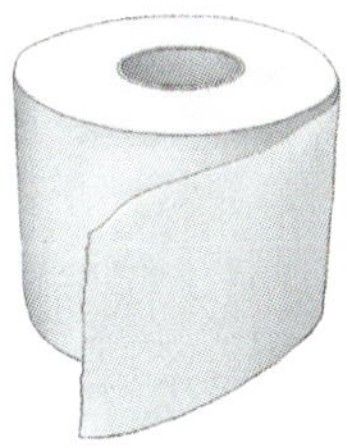

(2)

(3)

(4)

(5)

(6)

연습 2 여러분은 편의점에서 무엇을 자주 사나요? 친구와 이야기해 보세요.

みなさんはコンビにで何をよく買いますか。友だちと話してみましょう。

2 수

0	1	2	3	4	5	6	7	8	9
영	일	이	삼	사	오	육	칠	팔	구
10	11	12	13	14	15	16	17	18	19
십	십일	십이	십삼	십사	십오	십육	십칠	십팔	십구
20	30	40	50	60	70	80	90		
이십	삼십	사십	오십	육십	칠십	팔십	구십		

100	200	300	400	500	600	700	800	900
백	이백	삼백	사백	오백	육백	칠백	팔백	구백

1,000	10,000	100,000
천	만	십만

연습 1 다음 그림을 보고 〈보기〉와 같이 이야기해 보세요.

次の絵を見ながら例のように話してみましょう。

보기

가: 이거 얼마예요?

나: 천 원이에요.

(1)

(2)

(3)

(4)

(5)

(6)

연습 2 여러분 가방에 어떤 물건이 있어요? 얼마예요? 친구와 이야기해 보세요.

みなさんのバッグの中には何が入っていますか。それはいくらでしたか。友だちと話してみましょう。

문법

1 -이/가

- '-이/가' は名詞について、その名詞が文章の主語であることを表す。

- 前の名詞が子音で終わる場合(パッチム有)は '-이'を、母音で終わる場合(パッチム無)は '-가'を使う。

名詞の最後の音節	받침 ○	-이	선생님 + 이 → 선생님**이**
	받침 ×	-가	우유 + 가 → 우유**가**

(1) 가: 수미 씨가 집에 있어요?
　나: 아니요, 없어요.

(2) 가: 영화가 어때요?
　나: 영화가 아주 재미있어요.

(3) 가: 누가 책을 읽어요?
　나: 마이클이 책을 읽어요.

(4) 가: 여기 우산이 있어요.
　나: 감사합니다.

새단어

없다 ない　영화 映画　누가 だれが　우산 傘
감사합니다. ありがとうございます。

Step Up

'(場所)+에 있다/없다'は、人や物がどこにいる・あるのか、その位置を表現する。

연습 1 〈보기〉와 같이 쓰세요.

例のように書いてみましょう。

보기 빵이 맛있어요.

(1) 라면_____ 싸요.　　　(2) 친구_____ 학교에 가요.

(3) 한국어 공부_____ 재미있어요.　　　(4) 교실에 책_____ 있어요.

새단어 맛있다 おいしい　　싸다 安い　　교실 教室

연습 2 다음 그림을 보고 〈보기〉와 같이 _____에 알맞은 말을 넣어 이야기한 후 쓰세요.

次の絵を見ながら、例のように____に当てはまる言葉を入れて話してみましょう。
その後、下線部に書いてみましょう。

보기

가: 누가 신문을 읽어요?

나: 아버지가 신문을 읽어요.

(1) 가: 가방에 뭐가 있어요?

나: ______________________________.

(2) 가: 오늘 누가 와요?

나: ______________________________.

(3) 가: 뭐가 제일 맛있어요?

나: ______________________________.

(4) 가: 명동에 뭐가 있어요?

나: 백화점하고 ____________________.

새단어 가방 バッグ　　제일 一番

2 수량 명사

● 人や物の数を言うとき、前にくる名詞によって次のような助数詞を使用する。

개	명	잔	병	권	살	몇
個	名(人)	杯	本	冊	歳	何

● 人や物の数は'名詞＋数＋助数詞' の順序で言う。

빵 한 개

친구 세 명

커피 다섯 잔

콜라 열한 병

(1) 가: 손님, 뭘 드릴까요?
　나: 콜라 세 병 주세요.

(2) 가: 초콜릿이 몇 개 있어요?
　나: 다섯 개 있어요.

(3) 가: 교실에 사람이 몇 명 있어요?
　나: 학생 열 명하고 선생님 한 명이 있어요.

(4) 가: 몇 살이에요?
　나: 스물 두 살이에요.

새단어

콜라　コーラ　　손님　お客様　　초콜릿　チョコレート　　뭘 드릴까요?　何を差し上げましょうか。

Step Up

助数詞の前には、次のような固有数詞を使う。
하나(한), 둘(두), 셋(세), 넷(네), 다섯, 여섯, 일곱, 여덟, 아홉, 열, 스물(스무), 서른, 마흔, 쉰, 예순, 일흔, 여든, 아흔

연습 1 다음 그림을 보고 〈보기〉와 같이 쓰세요.

次の絵を見ながら例のように書いてみましょう。

보기

빵 두 개

(1)  ____________

(2)  ____________

(3)  ____________

(4)  ____________

연습 2 다음 그림을 보고 〈보기〉와 같이 이야기해 보세요.

次の絵を見ながら例のように話してみましょう。

보기

가: 식당에 사람이 몇 명 있어요?

나: 세 명 있어요.

(1) 가: 뭘 드릴까요?

나: ______________________________.

(2) 가: 책상에 뭐가 있어요?

나: ______________________________.

(3) 가: 손님, 뭘 드릴까요?

나: ______________________________.

(4) 가: 아이가 몇 살이에요?

나: ______________________________.

새단어

책상 机　　아이 子ども

연습 3 다음 표에 있는 것을 얼마나 가지고 있는지 친구와 이야기해 보세요.

次の表にあるものをいくつずつ持っているか、友だちと話してみましょう。

	나	친구
한국 친구		
모자		
가방		
책		
볼펜		

새단어

모자 帽子

연습+

● 여러분은 물건을 사러 가서 어떻게 이야기합니까? 〈보기〉의 대화를 보고 이야기해 보세요.
みなさんは買い物に行った時、何と言いますか。例のように話してみましょう。

보기

가	나
콜라: 900원	콜라
라면: 800원	라면
	콜라 네 병, 라면 세 개

가: 어서 오세요. 뭘 드릴까요?
나: 여기 콜라 있어요?
가: 네, 있어요.
나: 얼마예요?
가: 900원이에요.
나: 그리고 라면도 있어요?
가: 네, 있어요. 라면은 800원이에요.
나: 그러면 콜라 네 병하고 라면 세 개 주세요.
가: 네, 여기 있어요.

(1)

가	나
초콜릿: 500원	초콜릿
주스: 1,000원	주스
	초콜릿 두 개, 주스 한 병

(2)

가	나
공책: 1,300원	공책
볼펜: 1,200원	볼펜
	공책 여섯 권, 볼펜 한 개

새단어

공책 ノート

활동

1 들어 보세요. 🎧 27

1. 여러분은 가게에 가서 주인과 무슨 이야기를 합니까?
   みなさんはお店に行って店主とどんな話をしますか。

2. 다음은 가게에서 주인과 손님의 대화입니다. 들어 보세요.
   次はお店での店主とお客さんの会話です。聞いてみましょう。

   - 다음 질문에 답하세요.
     次の質問に答えてみましょう。

     (1) 손님은 뭐 샀어요?

     (2) 몇 개 샀어요?

     (3) 전부 얼마예요?

새단어

아저씨 おじさん	이건 これは	비싸다 高い	너무 とても
전부 全部	샀어요 買いました。		드릴까요? 差し上げましょうか。
또 오세요. またお越しください。		–만 -だけ	

2 이야기해 보세요.

1. 여러분은 쇼핑을 자주 합니까? 무엇을 사고 싶습니까?
   みなさんは、よく買い物に行きますか。何を買いたいですか。

2. 손님과 점원이 되어 이야기해 보세요.
   お客さんと店員になって、話してみましょう。

손님　　　　점원

새단어

캔커피 缶コーヒー　　　사탕 飴

3 읽어 보세요.

1. 여러분은 물건을 산 후 영수증을 잘 확인합니까? 영수증에는 어떤 내용이 있습니까?
   みなさんは物を買った後、領収書を確認しますか。領収書にはどのような内容が書かれていましたか。

2. 다음은 영수증입니다. 읽어 보세요.
   次の絵は領収証です。読んでみましょう。

○○ MARKET

영 수 증

품목	수량	가격
과자	2	2,400원
주스	4	12,000원
물	10	9,000원
비누	5	2,500원
칫솔	3	4,500원

****

합계 30,400원

****

● 다음을 잘 읽고 위의 내용과 같으면 ○, 다르면 ×에 표시하세요.
次の文を読んで内容と一致する場合は○、一致しない場合は×にチェックを入れてみましょう。

(1) 주스를 네 병 샀어요. ○ ×

(2) 칫솔 한 개는 사천오백 원이에요. ○ ×

(3) 이 가게에 비누가 없어요. ○ ×

새단어

영수증 領収書	품목 品目	수량 数量	가격 価格
비누 せっけん	칫솔 歯ブラシ	합계 合計	

4 써 보세요.

1. 여러분을 무엇을 삽니까? 어디에서 삽니까? 그것은 얼마입니까? 간단하게 메모해 보세요.
   みなさんは何を買いますか。どこで買いますか。それはいくらですか。簡単にメモしてみましょう。

품목	장소	가격

2. 위의 메모를 바탕으로 여러분의 자주 사는 것에 대해 써 보세요.
   上の内容をもとに、みなさんがよく買う物について書いてみましょう。

발음

● 次の単語を/ㅜ/、/ㅡ/、/ㅣ/の発音に注意して読んでみましょう。

우리 — 모으다 — 이사

/ㅜ/を発音する時は唇をできるだけ丸くすぼめて発音します。日本語のウは非円唇母音で発音しますが、韓国語の/ㅜ/は円唇母音で発音されるので、唇をより丸くしなくてはなりません。
/ㅡ/は日本語にはない発音で、奥歯を噛み合わせた状態で唇を左右に開きながら発音します。
/ㅣ/は日本語のイに似ていますが、日本語より少し長めに発音しなければなりません。(p.12写真参照)

● 読んでみましょう。28

(1) 우유 – 머리 – 아프다

(2) 나는 지도를 그려요.

(3) 노래를 부르면서 춤을 추세요.

자기평가

数と値段を聞いて答えることができますか。	☺	😐	☹
お店で欲しいものを買うことができますか。	☺	😐	☹

"백화점에서 외국어를 배워요?"

● **외국어를 배우러 왜 백화점에 갈까요?**

外国語を学びに、なぜデパートへ行くんでしょうか。

韓国では必要な物を買う時、よく近所のコンビニや、大型マート、デパートに行きます。けれど、こういったお店では、品物の販売以外にも特別なサービスを提供しています。
コンビニでは簡単な生活用品や食品を購入でき、またラーメンや弁当など簡単に食事をすることのできる場所が用意されていて本当に便利です。最近、増えている大型マートには、フードコートや美容室、動物病院、さらに子供たちの遊ぶスペースもあり、家族の週末のお出掛けスポットとしても人気があります。高級ブランド品などを購入する際はデパートに行きます。けれどデパートではショッピングだけでなく、デパート中にある文化センターなどで、主に子どもや主婦、会社員を対象とした料理、運動、楽器、外国語などの各種文化講座が開かれていて、申し込めば文化活動を楽しむこともできます。

● **여러분도 물건을 사러 가는 것 외에 다양한 편의시설을 이용해 보세요.**

みなさんも、買い物以外にも、便利なサービスを色々と利用してみましょう。

제4과 에리카 씨, 뭐 먹을래요?

目標	料理の名前と、注文の際に必要な表現を学び、食堂で料理を注文できるようにする。
語彙・表現	料理、味
文法	-고 싶다, -(으)ㄹ래요
発音	/ㅓ/
文化	辛くない韓国料理

대화

1 (29)

진아: 점심은 뭐 먹을래요?

켄토: 저는 한국 음식을 먹고 싶어요.

진아: 그래요? 저도 한국 음식이 좋아요.

켄토: 그런데 이 근처에서는 어디가 맛있어요?

진아: 수정식당이 맛있어요. 거기에 갈래요?

켄토: 네. 좋아요.

새단어

점심 昼食、お昼ごはん　　음식 食べ物　　그런데 ところで　　이 근처 この近く
거기 そこ

2

30

민석 : 에리카 씨, 뭐 먹을래요?

에리카: 잘 모르겠어요. 여기는 뭐가 맛있어요?

민석 : 이 식당은 순두부찌개가 맛있어요.

에리카: 그럼 저는 순두부찌개를 먹을래요. 민석 씨는 뭐 먹을래요?

민석 : 저는 된장찌개 먹을래요. 여기요.

종업원: 주문하시겠어요?

민석 : 여기 순두부찌개 하나하고 된장찌개 하나 주세요.

종업원: 네, 알겠습니다.

새단어

여기 ここ	순두부찌개 スンドゥブチゲ	그럼 では	된장찌개 テンジャンチゲ
종업원 従業員	잘 모르겠어요. よくわかりません。	여기요. すいません。(従業員や店員を呼ぶ時に使用する。)	
주문하시겠어요? ご注文なさいますか。		알겠습니다. わかりました。	

Step Up

注文の際、料理や飲み物は '한 개, 한 잔, 두 개, 두 잔'よりも '하나, 둘, 셋, 넷'をよく使う。

1 음식

갈비

불고기

삼계탕

닭갈비

냉면

비빔밥

김치찌개

된장찌개

순두부찌개

김밥

라면

떡볶이

햄버거

돈가스

초밥

피자

음식 料理

갈비 カルビ	불고기 プルコギ	삼계탕 サムゲタン	닭갈비 タッカルビ
냉면 冷麺	비빔밥 ビビンバ	김치찌개 キムチチゲ	된장찌개 テンジャンチゲ
순두부찌개 スンドゥブチゲ	김밥 キムパプ	라면 ラーメン	떡볶이 トッポッキ
햄버거 ハンバーガー	돈가스 とんかつ	초밥 寿司	피자 ピザ

연습 1 다음 사진을 보고 〈보기〉와 같이 이야기해 보세요.

次の写真を見ながら例のように話してみましょう。

보기

가: 이 식당은 뭐가 맛있어요?

나: 삼계탕이 맛있어요.

(1)

(2)

(3)

(4)

연습 2 여러분은 무슨 음식이 맛있어요? 친구와 이야기해 보세요.

みなさんはどんな料理がおいしいと思いますか。友だちと話してみましょう。

2 맛

맛있다

맛없다

맵다

짜다

달다

시다

쓰다

싱겁다

맛 味

맛있다 おいしい	맛없다 まずい	맵다 辛い	짜다 しょっぱい
달다 甘い	시다 酸っぱい	쓰다 苦い	싱겁다 (味が)薄い

연습 1 다음 그림을 보고 〈보기〉와 같이 이야기해 보세요.

次の絵を見ながら例のように話してみましょう。

보기

가: 맛이 어때요?

나: 달아요.

(1)

(2)

(3)

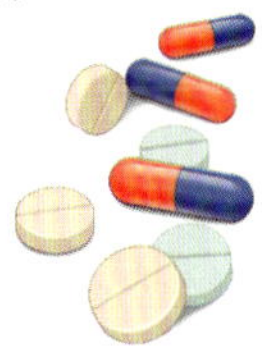

(4)

새단어

간장　醤油

Step Up

'맵다'、'싱겁다'のように語幹の子音が'ㅂ'で終わる動詞や形容詞が'-아요/어요/여요'と組み合わされる場合、'매워요'、'싱거워요'のように活用される。

연습 2 여러분은 무슨 음식이 맛있어요? 그 음식은 맛이 어때요? 친구와 이야기해 보세요.

みなさんはどんな料理がおいしいと思いますか。その料理の味はどうですか。友だちと話してみましょう。

문법

1 -고 싶다

- '-고 싶다'は動詞の語幹について、話し手の希望や願望、期待を表す。

動詞の語幹	-고 싶다	먹다: 먹 + 고 싶다 → 먹**고 싶다**
		보다: 보 + 고 싶다 → 보**고 싶다**

- 文の主語が１人称または、２人称に限られる。ただし、主語が3人称の場合には'-고 싶어하다'を使用する。

저는 명동에 가고 싶어요. (○)

은경 씨, 명동에 가고 싶어요? (○)

은경 씨는 명동에 가고 싶어해요. (○)

은경 씨는 명동에 가고 싶어요.(×)

(1) 가: 주말에 뭐 하고 싶어요?

나: 동대문시장에서 쇼핑하고 싶어요.

(2) 가: 점심에 뭐 먹고 싶어요?

나: 라면을 먹고 싶어요.

(3) 오늘 저녁에는 집에서 쉬고 싶어요.

(4) 저는 한국에서 태권도를 배우고 싶어요.

새단어

동대문시장 東大門市場　쇼핑하다 ショッピングする　저녁 夕方　쉬다 休む
태권도 テコンドー

연습 1 〈보기〉와 같이 쓰세요.

例のように書いてみましょう。

보기 가다 → 가고 싶어요

(1) 읽다 → ____________　　(2) 사다 → ____________

(3) 쇼핑하다 → ____________　　(4) 산책하다 → ____________

(5) 배우다 → ____________　　(6) 마시다 → ____________

(7) 만들다 → ____________　　(8) 듣다 → ____________

연습 2 다음 그림을 보고 〈보기〉와 같이 ____에 알맞은 말을 넣어 이야기한 후 쓰세요.

次の絵を見ながら、例のように____に当てはまる言葉を入れて話してみましょう。
その後、下線部に書いてみましょう。

보기

가: 명호 씨, 뭐 먹고 싶어요?

나: 저는 냉면을 먹고 싶어요.

(1) 가: 미사키 씨, 이번 주말에 같이 산에 갈래요?

나: 이번 주말에는 ____________________. 다음에 가요.

(2) 가: 오늘 뭐 하고 싶어요?

나: ______________________________________.

(3) 가: 유미 씨, 어디 가요?

나: ______________________. 그래서 백화점에 가요.

(4) 가: 주말에 ______________________?

나: 극장에서 ______________________.

새단어

이번 今度

연습 3 여러분은 한국에서 무엇을 하고 싶어요? 친구와 이야기해 보세요.

みなさんは韓国で何をしたいですか。友だちと話してみましょう。

이름	무엇을 하고 싶어요?

2 -(으)ㄹ래요

- '-(으)ㄹ래요'は、動詞の語幹について、話し手の意図や意思を表す。

- 平叙文の場合の主語は１人称に限られるが、疑問文の場合には、２人称の主語にも使用される。

動詞の語幹	ㄹ以外の받침 ○	-을래요	읽다: 읽＋을래요→읽**을래요**
	ㄹ받침と받침×	-ㄹ래요	보다: 보＋ㄹ래요→볼**래요**

(1) 가: 어디에 갈래요?

나: 극장에 갈래요.

(2) 가: 수진 씨는 뭐 드실래요?

나: 저는 비빔밥을 먹을래요.

(3) 가: 한국 노래를 들을래요?

나: 네. 좋아요.

(4) 가: 오늘 같이 한국 음식을 만들래요?

나: 미안해요. 다음에 만들어요.

새단어

드시다 召し上がる	노래 歌	오늘 今日	같이 一緒に
만들다 作る	미안하다 すまない	다음에 次(の機会)に	

Step Up

'-(으)ㄹ래요?'が、相手と一緒にやりたいことを提案する意味で使われる場合、主語は'우리'を使用する。この時、答えは'(같이) -아요/어요/여요'とすることができる。

연습 1 〈보기〉와 같이 쓰세요.

例のように書いてみましょう。

보기 가다 → 갈래요

(1) 먹다 → ________________

(2) 만나다 → ________________

(3) 사다 → ________________

(4) 운동하다 → ________________

(5) 보다 → ________________

(6) 마시다 → ________________

(7) 놀다 → ________________

(8) 듣다 → ________________

연습 2 다음 그림을 보고 〈보기〉와 같이 ____에 알맞은 말을 넣어 이야기한 후 쓰세요.

次の絵を見ながら、例のように ___ に当てはまる言葉を入れて話してみましょう。
その後、下線部に書いてみましょう。

보기

가: 유키 씨, 뭐 할래요?

나: 저는 공원에서 운동할래요.

(1) 가: 오늘 오후에 뭐 할래요?

나: ____________________________.

(2) 가: 주말에 뭐 할래요?

나: ____________________________.

(3) 가: 리에 씨, 같이 ____________________?

나: 네, 좋아요.

(4) 가: 준수 씨, 내일 같이 ________________?

나: 미안해요. 내일은 시간이 없어요.

새단어

주말 週末　　내일 明日　　시간 時間

연습 3 여러분은 친구와 같이 식당, 커피숍, 공원에 있어요. 무엇을 하고 싶은지 친구와 이야기해 보세요.

みなさんは今、友だちと一緒に、食堂／コーヒーショップ／公園にいます。友だちと何をしたいのか、話してみましょう。

이름	식당	커피숍	공원

연습+

● 여러분은 식당에 가서 주문할 때 어떻게 이야기합니까? 〈보기〉의 대화를 보고 이야기해 보세요.

みなさんは食堂に行って注文をする時、何と言いますか。例のように話してみましょう。

보기

가	나
갈비, 냉면	갈비

종업원: 어서 오세요. 뭐 주문하시겠어요?

가 : 잠깐만요. 사토미 씨, 뭐 먹을래요?

나 : 저는 갈비를 먹을래요. 현준 씨는요?

가 : 저는 갈비하고 냉면을 먹을래요.
사토미 씨도 냉면 먹을래요?

나 : 아니요. 저는 갈비만 먹고 싶어요.

가 : 여기 갈비 이 인분하고 냉면 하나 주세요.

종업원: 네, 알겠습니다. 잠시만 기다리세요.

(1)

가	나
김밥, 라면	김밥

(2)

가	나
불고기, 된장찌개	불고기

새단어

잠시만 기다리세요. 少々お待ちください。　　1인분 1人分

Step Up

注文の際、一般的に '불고기·갈비'などは '일인분, 이인분'のように '인분'を使用する。

활동

1 들어 보세요. 31

1. 여러분은 식당에서 무슨 이야기를 합니까?
   みなさんは食堂でどんな話をしますか。

2. 다음은 식당에서 음식을 주문하는 대화입니다. 들어 보세요.
   次は、食堂で料理を注文する際の会話です。聞いてみましょう。

   - 다음 질문에 답하세요.
     次の質問に答えてみましょう。

   (1) 여자는 무엇을 주문했어요?

   ① 
   ② 
   ③ 
   ④ 

새단어

괜찮다 大丈夫だ　　잠깐만요. ちょっと待ってください。

2 이야기해 보세요.

1. 여러분은 무슨 한국 음식을 먹고 싶습니까?
   みなさんが食べたい韓国料理は何ですか。

2. 친구에게 무엇을 먹을 것인지 물어보고 손님과 종업원이 되어 음식을 주문해 보세요.
   友だちに、何を食べるのか聞き、お客さんと店員になって料理を注文してみましょう。

메 뉴

음식	가격	음식	가격
비빔밥	6,500원	삼계탕	10,000원
김치찌개	6,000원	불고기	15,000원 (1인분)
된장찌개	6,000원	음료수	
순두부찌개	6,000원	콜라/사이다	2,500원

새단어

메뉴 メニュー　　음료수 飲み物

3 읽어 보세요.

1. 여러분은 한국어 메뉴판을 본 적이 있습니까? 무슨 내용이 있었습니까?
   みなさんは韓国語のメニューを見たことがありますか。どのような内容が書かれていましたか。

2. 다음은 식당의 메뉴판입니다. 읽어 보세요.
   次の絵は、食堂のメニューです。読んでみましょう。

메 뉴

비빔밥	6,000원
김치찌개	6,000원
된장찌개	6,000원
삼계탕	12,000원
갈비	20,000원(1인분)
음료수	
콜라/사이다	2,000원

● 다음을 잘 읽고 위의 내용과 같으면 ○, 다르면 ×에 표시하세요.
次の文を読んで内容と一致する場合は ○、一致しない場合は×にチェックを入れてみましょう。

(1) 비빔밥은 오천 원이에요. ○ ×

(2) 갈비는 1인분에 이만 원이에요. ○ ×

(3) 이 식당에는 음료수가 없어요. ○ ×

4 써 보세요.

1. 여러분은 무슨 한국 음식을 자주 먹습니까? 어디에서 먹습니까? 맛이 어떻습니까?
   みなさんはどんな韓国料理をよく食べますか。どこで食べますか。味はどうですか。

음식 이름	식당	맛

새단어

장소 場所　　가격 価格

2. 여러분이 좋아하는 한국 음식을 소개하는 글을 써 보세요.
   みなさんが好きな韓国料理を紹介する文を書いてみましょう。

발음

● 次の単語を /ㅢ/の発音に注意して読んでみましょう。

의자 / 희망 / 친구의 책

/ㅢ/は/ㅡ/と/ㅣ/が合わさった二重母音で、二つの母音が連続して発音され、使われる位置や意味により発音が変化します。日本人学習者の場合、/ㅡ/を発音する時、口を左右に大きく開きすぎる傾向があるのですが、/ㅢ/を発音する時も、やはり口を左右に広く開きすぎると/ㅟ/に聞こえてしまうので注意しなければなりません。/ㅢ/が最初の音節に来た場合は[의]と発音され、２番目以降の音節、または、/ㅇ/以外の他の子音と結びつく場合には[子音+ㅣ]と発音されます。さらに、所有格の助詞として使われる場合には[에]と発音されます。

의자[의자]　　희망[히망]　　친구의[에] 책

● 読んでみましょう。🎧 32

(1) 의미 – 회의 – 저희 – 친구의 책

(2) 의사 선생님을 만나요.

(3) 영희 씨하고 영희 씨의 친구와 영화를 봤어요.

자기평가

・料理の名前とその味について聞いて答えることができますか。	🙂	😐	🙁
・食堂でメニューを見ながら料理を注文することができますか。	🙂	😐	🙁

"한국 음식은 다 매워요?"

● 여러분은 어떤 한국 음식을 먹어 봤습니까? 그 맛은 어땠습니까?
みなさんは、どんな韓国料理を食べたことがありますか。その味はどうでしたか。

韓国の食卓に絶対に欠かせないのがキムチです。キムチを初めて食べる外国人のほとんどが、その辛さに一度は涙を流すと言われています。こうしたせいか、韓国の料理はすべて辛いと思っている外国人がかなり多いようです。コチュジャンや粉トウガラシが入ったキムチチゲ、タッカルビ、カムジャタン、ナクチポックムなどの辛い食べ物ももちろん韓国を代表する食べ物ですが、韓国料理の中には辛くなくて、おいしい食べ物も多いんです。サムゲタン、ソルロンタン、トックク、カルグクス、ナムル、カンジャンケジャン、チヂミなどは辛くなく、材料本来の味を味わうことができるので、みなさんも一風変わった辛くない韓国料理の魅力を感じることができるでしょう。

キムチチゲ

タッカルビ

サムゲタン

ソルロンタン

● 여러분도 다양한 한국 음식의 맛을 즐겨 보세요.
みなさんも色々な韓国料理の味を楽しんでみましょう。

알쏭달쏭 한국어

韓国語の'−(으)ㄹ래요'は意向を尋ねたり、答える時に使用する表現で、日本語の'-したい'、'-する'のふたつの意味を同時に表します。'−고 싶다'は希望、願望、期待を示す表現で、日本語の'-したい'に該当します。けれど、'−(으)ㄹ래요'は、主に提案や選択を迫られた場合に、ひとつを選んで言う時に多く使用されます。したがって'−(으)ㄹ래요'は過去の状況においては使用することはできません。

연습 次のうち、間違っている文章はどれですか。選んでみましょう！

(1) 어제 친구하고 영화를 볼래요.

(2) 저도 지난 주말에 제주도에 가고 싶었어요.

(3) 영민 씨, 김밥을 먹을래요, 라면을 먹을래요?

正解 (1)

제5과 어제 한국 친구 집에 갔어요.

目標 時間と過去の表現を学び、特定の時点に関して話すことができるようにする。

語彙・表現 時間1, 時間2

文法 -았/었/였-, -에

発音 連音

文化 公共施設のオープン時間

대화

1 33

민석 : 에리카 씨, 어제 수업이 끝나고 뭐 했어요?

에리카: 어제 한국 친구 집에 갔어요.

민석 : 친구 집에서 뭐 했어요?

에리카: 같이 한국 드라마도 보고 저녁을 먹었어요. 민석 씨는 뭐 했어요?

민석 : 저는 학교에서 친구들하고 같이 농구를 했어요.

새단어

어제 昨日　　끝나다 終わる　　농구 バスケットボール　　-고 -て

Step Up

'-고'は動詞、形容詞の語幹について、ふたつ以上の事実を列挙したり、時間の前後関係を表す連結表現である。

2 🎧 34

진아: 켄토 씨, 오래간만이에요. 그동안 어떻게 지냈어요?

켄토: 한국어도 배우고 여행도 했어요.

진아: 그래요? 어디에 여행을 갔어요?

켄토: 지난주에 부산에 갔어요. 날씨도 좋고 아주 재미있었어요.

진아 씨는 어떻게 지냈어요?

진아: 저는 회사에 일이 많았어요. 그래서 조금 바빴어요.

새단어

여행 旅行　지난주 先週　일 仕事　많다 多い

그래서 だから　조금 少し　바쁘다 忙しい　오래간만이에요. お久しぶりです。

그동안 어떻게 지냈어요? これまでいかがお過ごしでしたか。

1 시간1

어제	오늘	내일
지난주	이번 주	다음 주
지난달	이번 달	다음 달
작년	올해	내년
언제		

시간1 時間1

어제 昨日	오늘 今日	내일 明日	지난주 先週
이번 주 今週	다음 주 来週	지난달 先月	이번 달 今月
다음 달 来月	작년 昨年	올해 今年	내년 来年
언제 いつ			

연습 1 ______ 에 알맞은 말을 쓰세요.

______ に当てはまる言葉を書きましょう。

SUN	MON	TUE	WED	THE	FRI	SAT
1	2	3	4	5	6	7
8	9	10	11	12	13	14 (3) ______
15	16	17 (1) 어제	18 오늘	19 (2) ______	20	21 (4) ______
22	23	24	25	26	27	28 다음 주
29	30	31				

(5) ______ — 이번 달 — (6) ______

(7) ______ — 올해 — (8) ______

2 시간2

한 시	두 시	세 시
네 시	다섯 시	여섯 시
일곱 시	여덟 시	아홉 시
열 시	열한 시	열두 시

십 분	이십 분	삼십 분/반
사십 분	오십 분	
몇 시 몇 분		

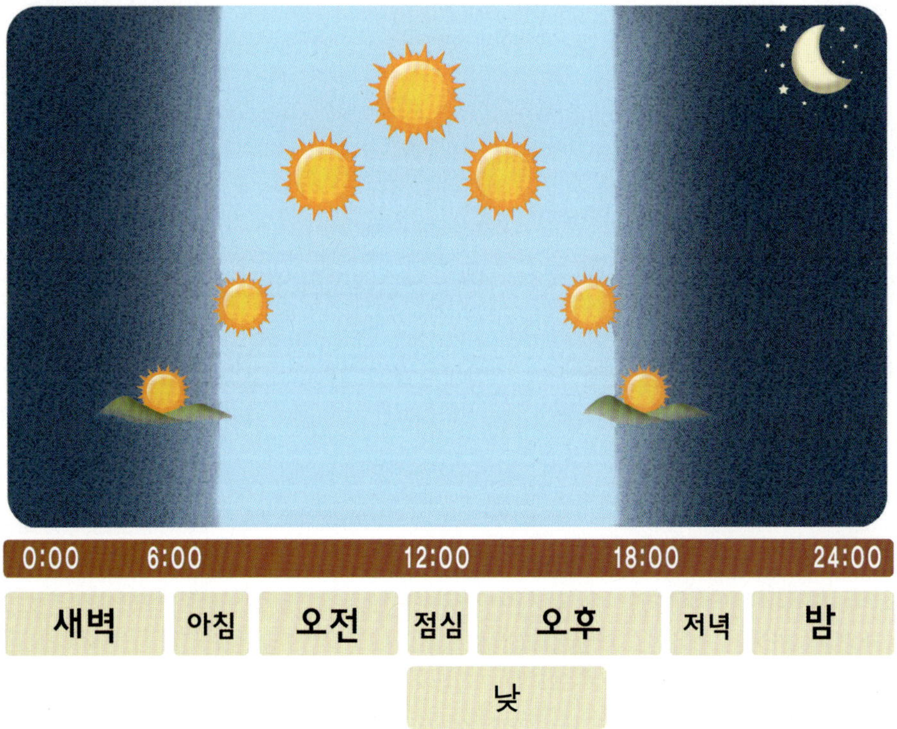

시간2 時間2

시 時	분 分	반 半	몇 시 몇 분 何時何分
아침 朝	점심 昼	저녁 夕方	오전 午前
오후 午後	낮 昼間	밤 夜	새벽 深夜~明け方

연습 1 다음 시계를 보고 〈보기〉와 같이 이야기해 보세요.

次の時計を見ながら例のように話してみましょう。

보기

가: 지금 몇 시예요?

나: 아홉 시예요.

(1)

(2)

(3)

(4)

연습 2 ______ 에 알맞은 말을 쓰세요.

______ に当てはまる言葉を書きましょう。

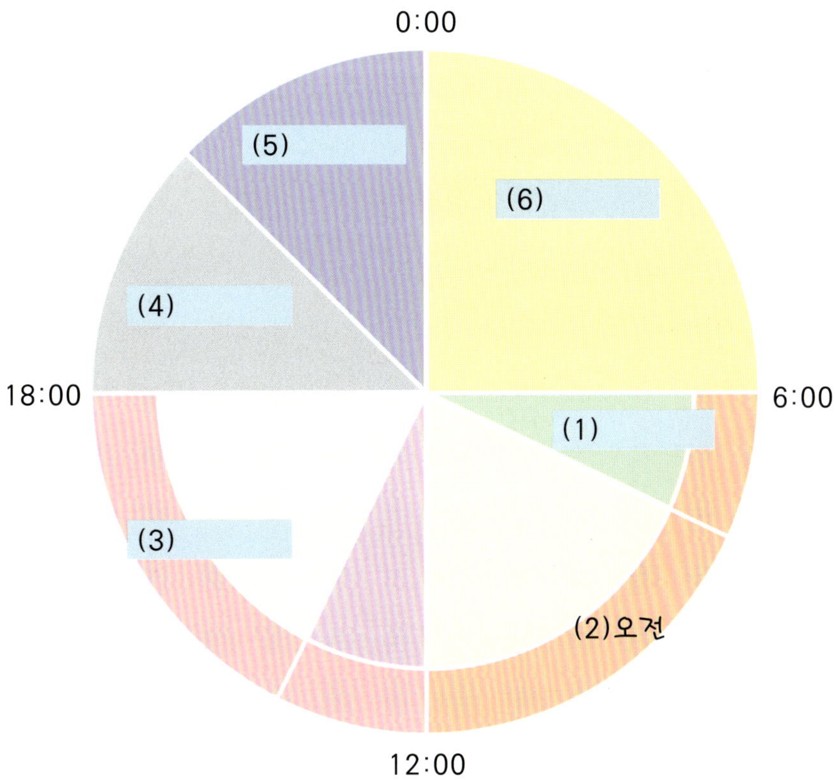

문법

1 -았/었/였-

● '-았/었/였-'は動詞や形容詞の語幹、'名詞+이다'について過去時制を表す。

動詞・形容詞の語幹	ㅏ, ㅗ ○	-았-	좋다: 좋 + 았어요 → 좋**았어요**
	ㅏ, ㅗ ×	-었-	먹다: 먹 + 었어요 → 먹**었어요**
	하다	-였-	하다: 하 + 였어요 → 하**였어요** → **했어요**
名詞の最後の音節	받침 ○	-이었-	선생님이다: 선생님 + 이었어요 → 선생님**이었어요**
	받침 ×	-였-	의사이다: 의사 + 였어요 → 의사**였어요**

(1) 가: 히로시 씨, 오늘 수업에 왜 늦었어요?
나: 늦게 일어났어요. 그래서 늦었어요.

(2) 가: 점심 먹었어요?
나: 아니요, 아직 안 먹었어요.

(3) 가: 제주도 여행은 어땠어요?
나: 제주도는 아주 더웠어요. 그렇지만 재미있었어요.

(4) 가: 보람 씨, 운동 잘해요?
나: 네. 학생 때 배구 선수였어요.

새단어

수업 授業	늦다 遅れる	일어나다 起きる	아직 まだ
안 ーない	덥다 暑い	그렇지만 しかし、だけれど	잘하다 上手だ
때 時	배구 バレーボール	어땠어요? どうでしたか。('어때요?'の過去)	

Step Up

'안'は動詞の前について否定を表す(例 : 안 가요, 안 좋아요, 안 먹었어요)。'공부하다, 여행하다, 운동하다'のように'名詞 + 하다'形の動詞は、名詞と'하다'の間に'안'を入れて '공부 안 하다'、'여행 안 하다'、'운동 안 하다'のように使う。

연습 1 〈보기〉와 같이 쓰세요.

例のように書いてみましょう。

보기 좋다 → 좋았어요

(1) 놀다	→	________	(2) 보다	→	________
(3) 읽다	→	________	(4) 마시다	→	________
(5) 쓰다	→	________	(6) 아프다	→	________
(7) 전화하다	→	________	(8) 어렵다	→	________
(9) 듣다	→	________	(10) 선생님이다	→	________

새단어

놀다 遊ぶ　　전화하다 電話する　　어렵다 難しい

연습 2 다음 그림을 보고 〈보기〉와 같이 ______에 알맞은 말을 넣어 이야기한 후 쓰세요.

次の絵を見ながら、例のように ______ に当てはまる言葉を入れて話してみましょう。
その後、下線部に書いてみましょう。

보기

가: 어제 뭐 했어요?

나: 어제 도서관에서 공부했어요.

(1) 가: 어제 뭐 했어요?

나: 공원에서 ____________________.

(2) 가: 오늘 마리 씨 출근했어요?

나: 네. 조금 전에 사무실에서 ________________.

(3) 가: 어제 퇴근하고 뭐 했어요?

나: 그냥 집에서 ______________________.

(4) 가: 카요 씨, 시험 잘 봤어요?

나: 아니요. 시험이 ______________________.

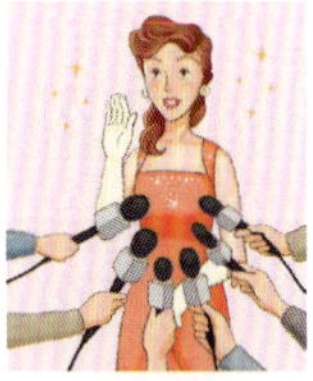

(5) 가: 배수정 씨는 전에 무슨 일을 했어요?

나: ______________________________.

(6) 가: 어제 ______________________________?

나: ______________________________.

새단어

출근하다 出勤する　　그냥 ただ　　시험을 보다 試験を受ける　　전에 以前

무슨 일을 했어요? どんな仕事をしましたか。

연습 3 여러분은 어제 뭐 했어요? 그리고 어땠어요? 친구와 이야기해 보세요.

みなさんは昨日、何をしましたか。感想はどうでしたか。友だちと話してみましょう。

2 -에

● '-에'は時間を表す名詞について、時間や時を表す。

● '-에' の前に来る名詞の中で '어제, 오늘, 내일, 올해' 等には'-에'は使用しない。

(1) 가: 현아 씨, 보통 몇 시에 출근해요?

나: 보통 아홉 시에 사무실에 도착해요.

(2) 가: 유스케 씨는 언제 한국에 왔어요?

나: 지난달에 왔어요.

(3) 가: 주말에 뭐 했어요?

나: 친구하고 박물관을 구경했어요.

(4) 가: 내일 같이 점심 먹을래요?

나: 내일 오전에 출장을 가요. 다음에 먹어요.

새단어

사무실 事務所 　 도착하다 到着する 　 박물관 博物館 　 구경하다 見学する
출장을 가다 出張に行く

연습 1 〈보기〉와 같이 쓰세요.
例のように書いてみましょう。

> **보기** 수요일에 친구를 만났어요.
> 어제X 친구를 만났어요.

(1) 다음 달___ 고향에 가요.
(2) 친구가 어제___ 전화했어요.
(3) 오늘 점심___ 비빔밥을 먹었어요.
(4) 올해___ 제주도를 여행하고 싶어요.

연습 2 다음 달력을 보고 〈보기〉와 같이 ___에 알맞은 말을 넣어 이야기한 후 쓰세요.
次のカレンダーを見ながら、例のように ___に当てはまる言葉を入れて話してみましょう。その後、下線部に書いてみましょう。

SUN	MON	TUE	WED	THU	FRI	SAT
1	2	3 한국 도착	4	5	6	7
8	9	10 치히로씨 2시	11 오늘 명동	12 한국어 수업 시작	13	14
15	16	17	18	19	20 제주도 여행	21

> **보기** 가: 언제 한국에 왔어요?
> 나: 지난주에 왔어요.

(1) 가: 언제 명동에 가요?
나: ______________________________.

(2) 가: 언제 치히로 씨를 만났어요?
나: ______________________________.

(3) 가: 이번 주에 제주도에 가요?

나: 아니요. ______________________________.

(4) 가: 언제 한국어 수업이 시작돼요?

나: ____________________________________.

새단어

달력 カレンダー　　　시작되다 始まる

연습 3 여러분은 작년, 지난달에 특별한 일이 있었어요? 다음 주, 다음 달에 무엇을 하고 싶어요? 친구와 이야기해 보세요.

みなさんは、去年と先月、何か特別なことがありましたか。
来週、そして来月には何をしたいですか。友だちと話してみましょう。

언제?	무엇을 했어요? / 무엇을 하고 싶어요?
작년/올해/내년	
지난달/이번 달/다음 달	
지난주/이번 주/다음 주	
어제/오늘/내일	

연습+

● 여러분은 어제 무엇을 했습니까? 〈보기〉의 대화를 보고 이야기해 보세요.
みなさんは昨日、何をしましたか。例のように話してみましょう。

보기

가	나
김치박물관에 가다	친구하고 공원에 가다
박물관을 구경하다 / 김치를 만들다	자전거를 타다
조금 어렵다	아주 재미있다

가: 유스케 씨, 어제 오후에 뭐 했어요?
나: 오후에 **친구하고 공원에 갔어요.**
가: **공원**에서 뭐 했어요?
나: **공원**에서 **자전거를 탔어요. 아주 재미있었어요.**
　아키코 씨는 뭐 했어요?
가: 저는 **김치박물관에 갔어요.**
나: **김치박물관**에서 뭐 했어요?
가: **박물관을 구경하고 김치를 만들었어요.**
나: **김치를 만들었어요?** 어땠어요?
가: **조금 어려웠어요.**

(1)

가	나
명동에 가다	그냥 집에 가다
쇼핑을 하다 / 칼국수를 먹다	한국어를 공부하다
아주 맛있다	조금 어렵다

(2)

가	나
친구 집에 가다	친구하고 커피숍에 가다
음악을 듣다 / 영화를 보다	이야기를 하다
아주 재미있다	커피가 맛있다

새단어

자전거를 타다 自転車に乗る　　칼국수 カルグクス

활동

1 들어 보세요. 35

1. 여러분은 요즘 무엇을 했습니까? 어땠습니까?
   みなさんは最近、何をしましたか。どうでしたか。

2. 다음은 요즘 한 일에 대해 이야기하는 대화입니다. 들어 보세요.
   次は、最近やったことに関する会話です。聞いてみましょう。

   (1) 남자는 지난주에 뭐 했어요?

   (2) 여자는 지난주에 뭐 했어요?

새단어

여기저기 あちこち　　경복궁 景福宮　　인사동 仁寺洞(地名)

2 이야기해 보세요.

1. 여러분은 지난주에 무엇을 했습니까? 그리고 어땠습니까?
   みなさんは先週、何をしましたか。その感想はどうでしたか。

언제	무엇을 했어요?	어땠어요?

2. 여러분이 지난주에 한 일에 대해서 친구와 이야기해 보세요.
   みなさんが先週やったことについて、友だちと話してみましょう。

3 읽어 보세요.

1. 여러분은 편지나 엽서를 자주 받습니까? 어떤 내용이 있었습니까?
   みなさんは、手紙やはがきをよくもらいますか。どのような内容が書かれていましたか。

2. 다음은 친구에게 쓴 엽서입니다. 읽어 보세요.
   次の絵は友だちに宛てて書いたはがきです。読んでみましょう。

마코토 씨,

안녕하세요.
그동안 잘 지냈어요?
저는 지난달에 일본에 도착했어요.
일본 생활은 아주 재미있어요.
오전에는 일본어 수업을 들어요.
수업은 아홉 시에 시작되고 열두 시에
끝나요. 수업이 아주 재미있고
선생님도 친절해요.
어제는 수업이 끝나고 저녁에 친구들
하고 도쿄타워에 갔어요.
야경이 아주 아름다웠어요.
거기에서 이 엽서도 샀어요.

마코토 씨는 잘 지냈어요? 그동안
뭐 했어요?
마코토 씨 생활도 알고 싶어요.
답장 보내 줄래요?
안녕히 계세요.

\- 일본에서 수아

받는 사람

서울 성북구 인촌로 XXX

모리카와 마코토

136 − 701

(1) 수아 씨는 언제 일본에 갔어요?

(2) 수아 씨는 어제 무엇을 했어요?

새단어

생활 生活	수업을 듣다 受業を受ける	친절하다 親切だ	도쿄타워 東京タワー
야경 夜景	아름답다 美しい	엽서 葉書	답장 返事、返書
보내 주다 送ってくれる・あげる		그동안 잘 지냈어요? これまでお元気でしたか。	

4 써 보세요.

1. 여러분은 요즘 어떻게 지냅니까? 무엇을 했습니까? 그리고 어땠습니까? 간단하게 메모해 보세요.

   みなさんは最近どのように過ごしていますか。また、どんなことをしましたか。その感想はどうでしたか。簡単にメモしてみましょう。

언제	무엇을 했어요?	어땠어요?

2. 위의 내용을 바탕으로 친구에게 엽서를 써 보세요.

   上の内容をもとに、友だちにはがきを書いてみましょう。

□□□-□□□

발음

● 次のパッチムに注意しながら読んでみましょう。

일본에서 왔어요.
집에서 책을 읽어요.

2音節以上の単語で、前の音節が子音[パッチム]で終わり、後ろの音節が母音で始まる場合、一般的に前の音節の最後の子音[パッチム]が後ろの音節の最初の子音として発音される。

이름이 뭐예요?	일본에서 왔어요.
[이르미]	[일보네서] [와써요]

また、'읽다'のように子音[パッチム]が2つの場合は、前(左)の子音は残したまま、後ろ(右)の子音だけを次の音節の最初の子音として発音する。(책을 읽어요. [일거요])
また、前の音節の最後の子音[パッチム]が'ㅎ'の場合、その音は省略される。

날씨가 좋아요.	의자가 많아요.
[조아요]	[마나요]

● 読んでみましょう。 36

(1) 이쪽에 앉으세요.

(2) 무슨 음식을 좋아해요?

(3) 주말에 집에서 쉬었어요.

자기평가

・時間と時を表現することができますか。	😊	😐	☹
・特定の時点に起きたことについて話すことができますか。	😊	😐	☹

"몇 시에 문을 열어요?"

● **한국의 은행들은 몇 시에 문을 열고 닫을까요?**
韓国の銀行の営業時間は何時まででしょうか。

韓国の官公庁やお店の営業時間は何時から何時まででしょうか。
まず、銀行は平日は9時から16時まで、土曜日と日曜日はお休みです。郵便局は平日は9時から18時まで、土曜日は9時から13時までです。また、デパートはほとんどのお店が10時半から20時まで営業しています。もちろん週末も営業していますが、月に一度、たいていは月曜日が定休日の場合が多いです。デパートによって定休日が違うので、行く前に必ず確認して下さい。その他のお店や食堂は、直接、定休日を聞かなくてはいけません。お店の人に尋ねる時は"보통 몇 시까지 해요?(通常何時までですか。)" "몇 시에 문을 열어요?(何時にオープンですか。)" "주말에도 해요?(週末にも営業していますか?)"のように聞いてみましょう。

● **여러분이 자주 가는 식당이나 가게는 몇 시에 문을 열고, 몇 시까지 하는지 물어보세요.**
みなさんがよく行く食堂やお店は、何時から何時まで営業しているのか聞いてみましょう。

제6과 문화극장에 어떻게 가요?

目標	位置や方向、移動に関する表現を学び、ある場所の位置について質問し、実際に行けるようにする。
語彙・表現	位置と方向、移動
文法	-(으)세요, -(으)로
発音	/ㅂ/, /ㅍ/, /ㅃ/
文化	地下鉄に乗って行くソウルの名所

대화

1 37

에리카: 저기요, 실례합니다. 루나 커피숍이 어디에 있어요?

행인 : 루나 커피숍이요? 여기에서 똑바로 가세요.

그러면 빵집이 있어요. 그 빵집 앞에서 왼쪽으로 쭉 가세요.

에리카: 여기에서 멀어요?

행인 : 아니요, 가까워요. 10분쯤 걸려요.

에리카: 네, 감사합니다.

새단어

행인 通行人	똑바로 まっすぐ	빵집 パン屋	그 その
앞 前	왼쪽 左側	쭉 ずっと	멀다 遠い
가깝다 近い	–쯤 くらい、程	걸리다 かかる	저기요. あの。
실례합니다. 失礼します。			

2

38

켄토: 진아 씨, 여기에서 문화극장에 어떻게 가요?

진아: 문화극장은 광화문역에 있어요. 안암역에서 지하철을 타고 가세요.

켄토: 몇 번 출구로 나가요?

진아: 5번 출구로 나가세요. 그러면 바로 은행이 있어요.

그 건물 3층으로 올라가세요.

켄토: 네, 알겠어요. 고마워요.

새단어

어떻게 どのように	지하철 地下鉄	타고 가다 乗って行く	출구 出口
나가다 出る	바로 すぐ	건물 建物	올라가다 上がって行く
고마워요. ありがとうございます。	1번 一番	1층 一階	역 駅

어휘·표현

1 위치와 방향

위

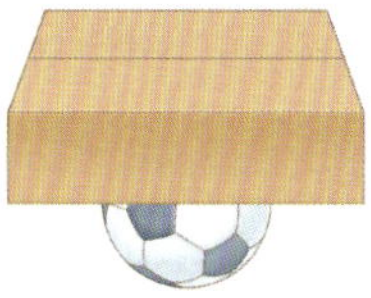

아래(밑)

앞

뒤

안

밖

옆

왼쪽

오른쪽

이쪽

그쪽

저쪽

위치와 방향 位置と方向

위 上	아래(밑) 下	앞 前	뒤 後ろ
안 中	밖 外	옆 横	왼쪽 左側
오른쪽 右側	이쪽 こちら	그쪽 そちら	저쪽 あちら

연습 1 다음 그림을 보고 〈보기〉와 같이 이야기해 보세요.

次の絵を見ながら例のように話してみましょう。

보기 가: 책이 어디에 있어요?

나: 가방 안에 있어요.

① 책　② 가방　③ 영희

④ 컴퓨터　⑤ 텔레비전　⑥ 철수

새단어

컴퓨터 パソコン

2 이동

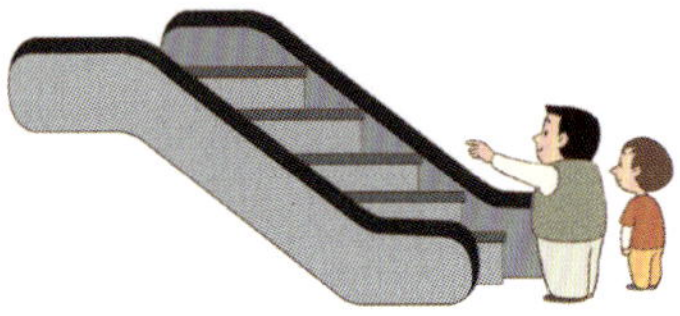

올라가다

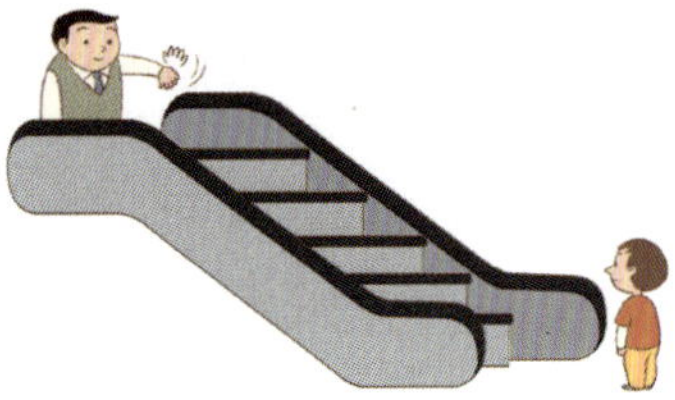

올라오다

내려가다

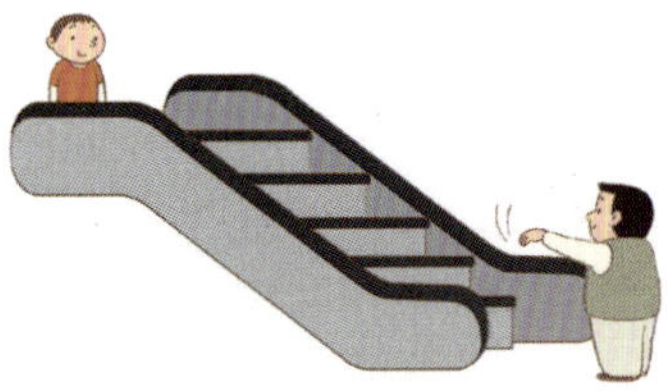

내려오다

나가다

나오다

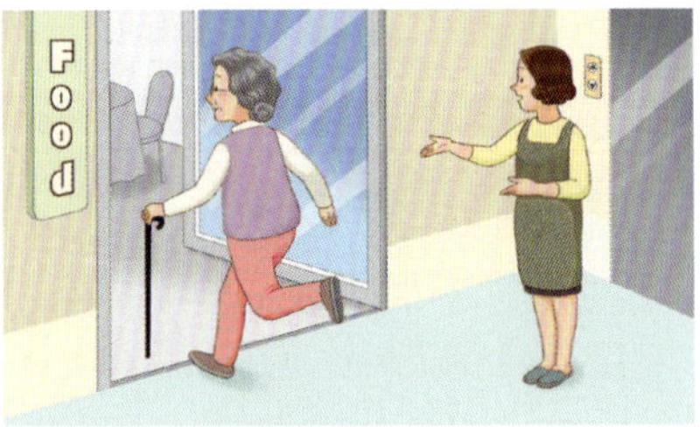

들어가다

들어오다

이동 移動

올라가다 上がって行く	올라오다 上がって来る	내려가다 降りて行く	내려오다 降りて来る
들어가다 入って行く	들어오다 入って来る	나가다 出て行く	나오다 出て来る

연습 1 다음 그림과 어울리는 단어를 찾아 연결해 보세요.

次の絵に関連する単語を見つけて、線でつないでみましょう。

(1) 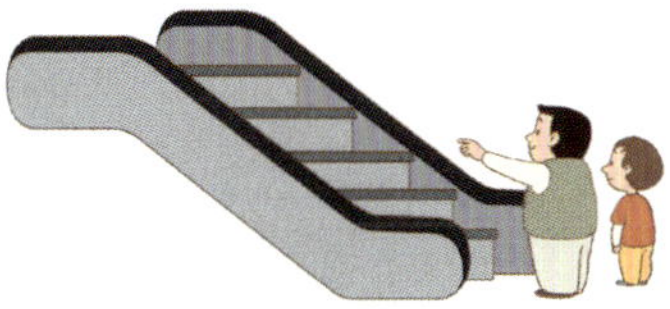

(2) 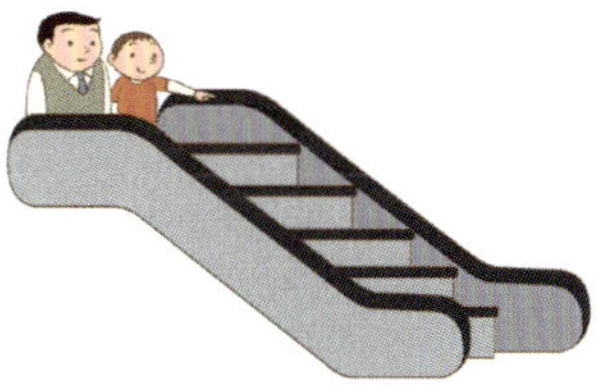

(3) 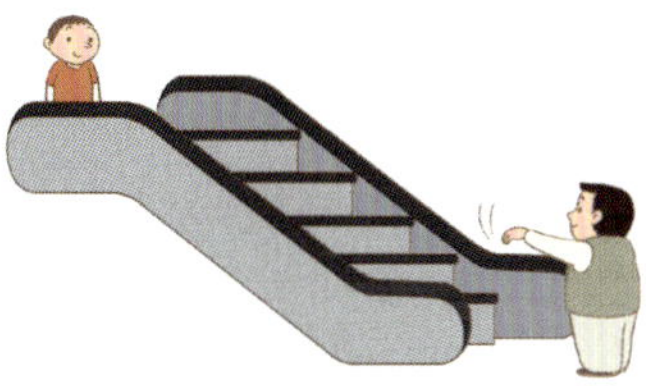

(4) 

(5) 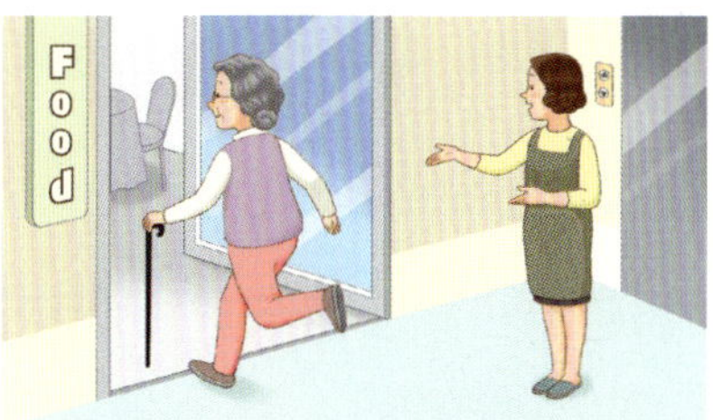

(6) 

- 들어가요.
- 올라가요.
- 내려가요.
- 나가요.
- 내려와요.
- 들어와요.

문법

1 -(으)세요

● '-(으)세요'は動詞について、その行動をするよう命令する時に使用する。

動詞の語幹	ㄹ以外の받침 ○	-으세요	읽다: 읽+으세요→읽**으세요**
	ㄹ받침	-세요	만들다: 만들+**세요**→만드**세요**
	받침 ×		가다: 가+세요→가**세요**

(1) 가: 이름을 어디에 써요?

나: 여기에 쓰세요.

(2) 가: 저는 어디에 앉아요?

나: 이쪽은 사람이 많아요. 그러니까 저쪽에 앉으세요.

(3) 가: 방이 너무 더워요.

나: 그럼 저 창문을 여세요.

(4) 가: 한국어 듣기가 너무 어려워요.

나: 그러면 CD를 여러 번 들으세요.

새단어

앉다 座る　그러니까 だから　창문 窓　열다 開ける
듣기 聞き取り、リスニング　여러 번 何回も

Step Up

1 '먹다, 마시다'の命令形は '드세요', '자다'の命令形は '주무세요'である。これと関連して'맛있게 드세요.', '안녕히 주무세요.' といった挨拶が日常生活でよく使用される。

2 '-(으)세요'の禁止形は'-지 마세요'である。'〜してはいけない'という命令をする時に、動詞の語幹について使用される。

3 '그러니까'は前の文章が理由となり、後ろの文章が結果を表すことを示す連結表現である。'그래서'も同様に理由を表す連結表現だが、一般的に'그러니까'の後ろに来る文章は命令文と勧誘文であるのに対し、'그래서'の後ろに来る文章は平叙文と疑問文であるという点に注意したい。

연습 1 〈보기〉와 같이 쓰세요.

例のように書いてみましょう。

보기 오다 → 오세요

(1) 보다 → ____________　　(2) 쉬다 → ____________

(3) 읽다 → ____________　　(4) 앉다 → ____________

(5) 만들다 → ____________　　(6) 듣다 → ____________

연습 2 〈보기〉에서 알맞은 단어를 골라 이야기한 후 쓰세요.

例の中から__に当てはまる言葉を選んで話してみましょう。その後、下線部に書いてみましょう。

보기 읽다　오다　주다　쉬다　연습하다

(1) 가: 뭘 드릴까요?

나: 사과 3개 ____________________.

(2) 가: 이 백화점은 내일 쉬어요?

나: 네. 그러니까 모레 ____________________.

(3) 가: 1번은 유키 씨가, 2번은 나오키 씨가 ____________________.

나: 네, 알겠습니다.

(4) 가: 한국어 말하기가 어려워요.

나: 그럼 한국 친구하고 매일 ____________________.

(5) 가: 이번 주는 매일 밤 열 시까지 일했어요.

나: 그래요? 그럼 주말에는 푹 ____________________.

새단어

연습하다 練習する　　말하기 スピーキング　　일하다 仕事する　　푹 充分に、ぐっすり

2 -(으)로

- '-(으)로'は主に場所や方向を表現する名詞(위/아래, 오른쪽/왼쪽, 앞/뒤, 옆, 이쪽/저쪽など)について、移動する方向を示す。

- 主に後ろには、'가다, 오다, 다니다'といった移動を表す動詞が使われる。

名詞の最後の音節	ㄹ以外の받침 ○	-으로	안: 안 + 으로 → 안으로
	ㄹ받침と받침 ×	-로	위: 위 + 로 → 위로

(1) 가: 남자 화장실은 2층에 없어요?

　나: 네. 아래로 내려가세요.

(2) 가: 맛나식당이 어디에 있어요?

　나: 저기에서 길을 건너가세요. 그리고 왼쪽으로 가세요.

(3) 가: 오늘 어디에서 파티를 해요?

　나: 우리집에서 해요. 일곱 시까지 우리집으로 오세요.

(4) 가: 김인애 선생님이 여기 계세요?

　나: 아니요. 사무실로 가 보세요. 205호예요.

새단어

길을 건너가다 道を渡る　남자 화장실 男子トイレ　파티 パーティー　우리집 私の家

계세요? いらっしゃいますか。　가 보세요. 行ってみてください。　1호 一号

연습 1 〈보기〉와 같이 쓰세요.
例のように書いてみましょう。

보기 안<u>으로</u> 가세요.

(1) 뒤______ 가세요. (2) 종각역______ 가세요.

(3) 교실______ 가세요. (4) 3층______ 가세요.

연습 2 다음 그림을 보고 〈보기〉와 같이 ____에 알맞은 말을 넣어 이야기한 후 쓰세요.
次の絵を見ながら、例のように___に当てはまる言葉を入れて話してみましょう。
その後、下線部に書いてみましょう。

보기
가: <u>뒤로 가세요</u>.
나: 네, 알겠어요.

(1) 가: ________________________________.

나: 네, 알겠어요.

(2) 가: 커피숍이 어디에 있어요?

나: ________________________________.

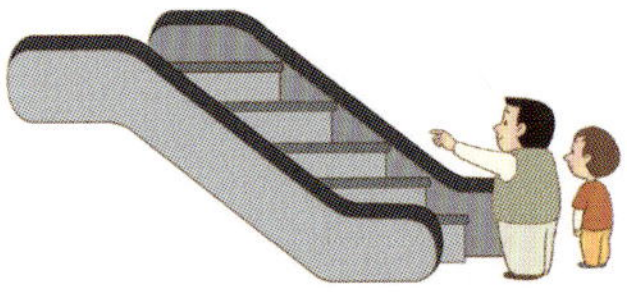

(3) 가: 사무실이 어디에 있어요?

나: ______________________________.

(4) 가: 안녕하세요?

나: 어서 오세요. ______________________.

연습 3 그림을 보고 친구와 함께 가는 방법을 이야기해 보세요.

次の絵を見ながら、友だちと一緒に行き方について話してみましょう。

보기 가: 은행이 어디에 있어요?

나: 저기 빵집 앞에서 왼쪽으로 가세요. 그러면 안암식당이 있어요. 거기에서 길을 건너가세요.

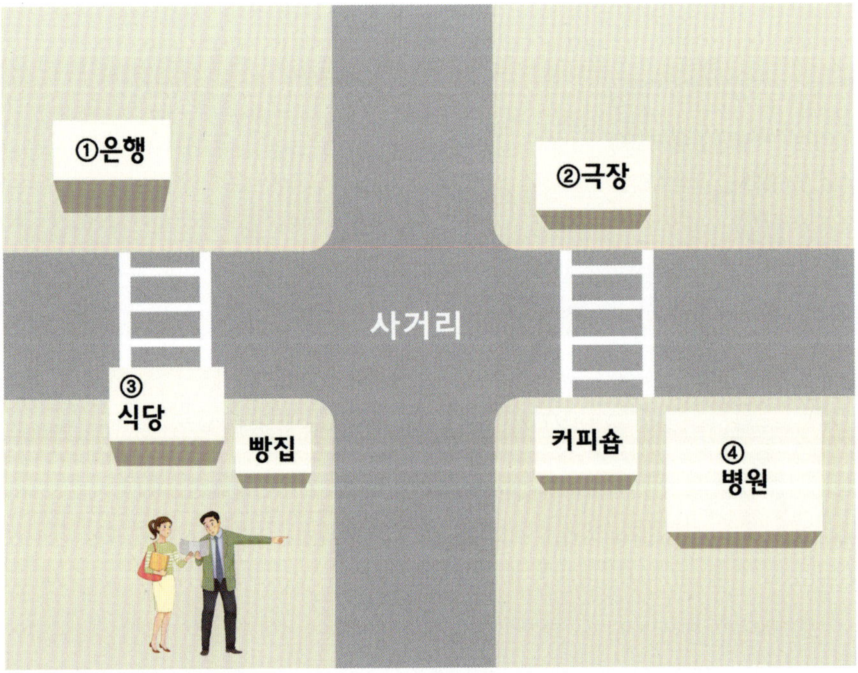

● 여러분은 길을 물을 때 어떻게 이야기합니까? 〈보기〉의 대화를 보고 이야기해 보세요.
みなさんは道を尋ねる時、何と言いますか。例のように話してみましょう。

보기

가　은행	나　편의점 앞, 왼쪽으로 가다, 3분

가: 저기요, 실례합니다. 이 근처에 은행이 있어요?

나: 네, 있어요. 저기 편의점 앞에서 왼쪽으로 가세요. 그러면 은행이 있어요.

가: 여기에서 멀어요?

나: 아니요, 가까워요. 3분쯤 걸려요.

가: 네, 감사합니다.

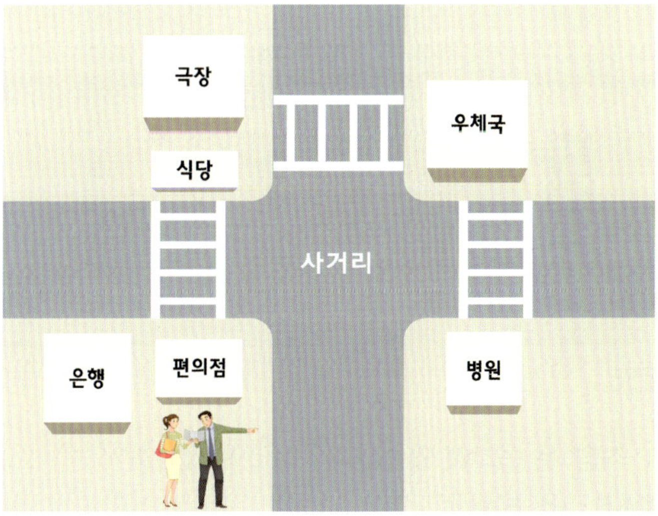

(1)

가　우체국	나　병원 앞, 길을 건너가다, 5분

(2)

가　서울극장	나　사거리, 똑바로 가다, 10분

활동

1 들어 보세요. 39

1. 여러분은 전화로 길을 설명해 본 적이 있습니까? 어떻게 이야기했습니까?
   みなさんは電話で道を説明したことがありますか。どのように話しましたか。

2. 다음은 친구에게 자신의 집 위치를 전화로 설명하는 대화입니다. 들어 보세요.
   次は、友だちに自分の家の位置を電話で説明する会話です。聞いてみましょう。

   ● 다음 질문에 답하세요.
   次の質問に答えてみましょう。

   (1) 여자의 집은 어디에 있어요?

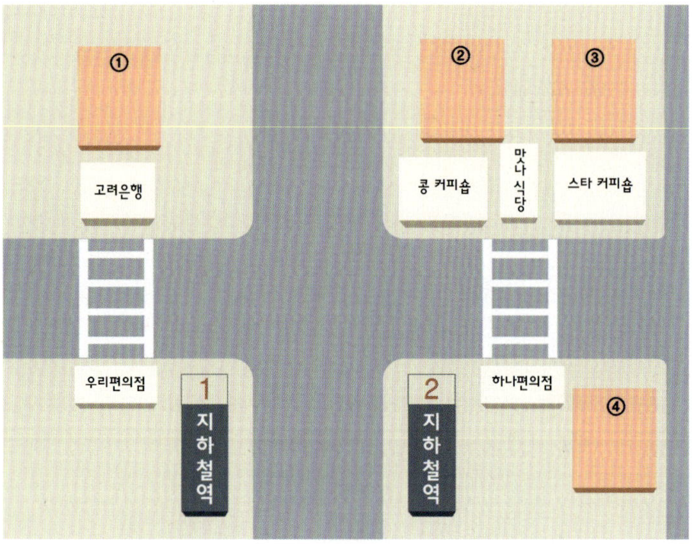

2 이야기해 보세요.

1. 여러분의 집(학교, 직장)은 어디에 있습니까? 어떻게 갑니까?
   집의 위치를 간단하게 그려 보세요.
   みなさんの家(学校、職場)はどこにありますか。どのように行きますか。
   家の位置を簡単に描いてみましょう。

2. 위의 그림을 보면서 여러분의 집(학교, 직장)의 위치를 친구에게 설명해 주세요.
   上の絵を見ながら、みなさんの家(学校、職場)の位置を友だちに説明してみましょう。

3 읽어 보세요.

1. 여러분은 인터넷에서 위치 안내도를 본 적이 있습니까? 거기에 어떤 내용이 있었습니까?
   みなさんはインターネットで位置案内を見たことがありますか。そこにはどのような内容が書かれていましたか。

2. 다음은 도서관의 위치 안내도입니다. 읽어 보세요.
   次の絵は図書館の位置案内図です。読んでみましょう。

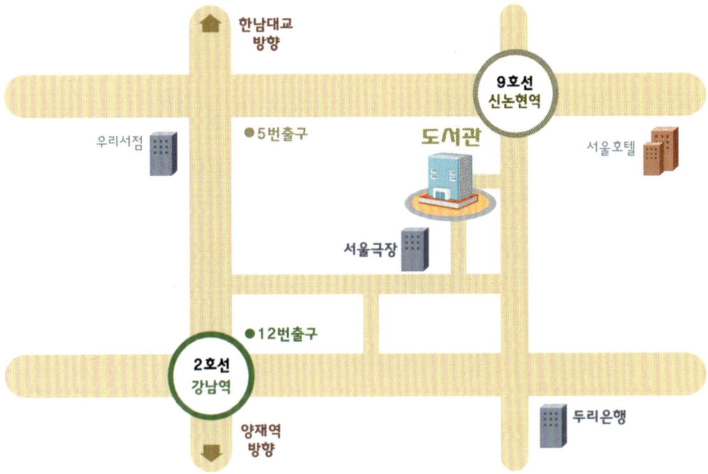

● 다음을 잘 읽고 위의 내용과 같으면 O, 다르면 ×에 표시하세요.
次の文を読んで内容と一致する場合は○、一致しない場合は×にチェックを入れてみましょう。

(1) 도서관 근처에 극장이 있어요.	○	×
(2) 신논현역이 강남역보다 도서관에서 더 가까워요.	○	×
(3) 강남역 12번 출구에서 계속 똑바로 가요. 그러면 도서관이 있어요.	○	×

새단어

도서관 図書館　　계속 続けて　　-보다 -より

4 써 보세요.

1. 여러분은 친구를 초대해 본 적이 있습니까? 초대장에 무엇을 쓰고 싶습니까?
   みなさんは、友だちを招待したことがありますか。招待状にはどんなことを書きますか。

2. 간단하게 약도를 그린 후 친구를 초대하는 초대장을 써 보세요.
   簡単に略図を描いた後、友だちを招待する招待状を書いてみましょう。

발음

● 次の単語を/ㅂ/、/ㅍ/、/ㅃ/の発音に注意して読んでみましょう。

바보 — 파도 — 빵

韓国語の平音、激音、濃音は日本語では区分されない場合が多いです。平音は若干、息が混ざった音で、激音は強く息を出しながら発音します。したがって口の前に薄いティッシュをつけて発音する時、/ㅂ/は、口から出た空気で口の前のティッシュが少しだけ揺れ、/ㅍ/は激しく揺れることになります。一方、濃音は喉を緊張させて出す音で、発音時に空気が漏れないため、/ㅃ/は口の前のティッシュは揺れません。
平音、激音、濃音は音の高低にも差があり、平音は文の最初の位置では低いトーンで発音される反面、激音と濃音は高いトーンで発音されます。
この他にも韓国語には/ㄱ/−/ㅋ/−/ㄲ/、/ㄷ/−/ㅌ/−/ㄸ/、/ㅈ/−/ㅊ/−/ㅉ/がありますが、発音方法や音の高低差は/ㅂ/−/ㅍ/−/ㅃ/と同様のことが言えます。

● 読んでみましょう。🎧 40

(1) 요즘 매일 바빠요.

(2) 파란 바다가 정말 예뻐요.

(3) 아빠하고 포도를 먹었어요.

자기평가

位置や方向を表現することができますか。	🙂	😐	☹️
ある場所の位置を説明することができますか。	🙂	😐	☹️

"가로수길은 어디에 있어요?"

● 여러분은 서울의 명소 중 어디에 가 봤습니까? 그 곳은 어디에 있습니까?

みなさんはソウルの名所の中でどこに行ったことがありますか。その名所はどこにありますか。

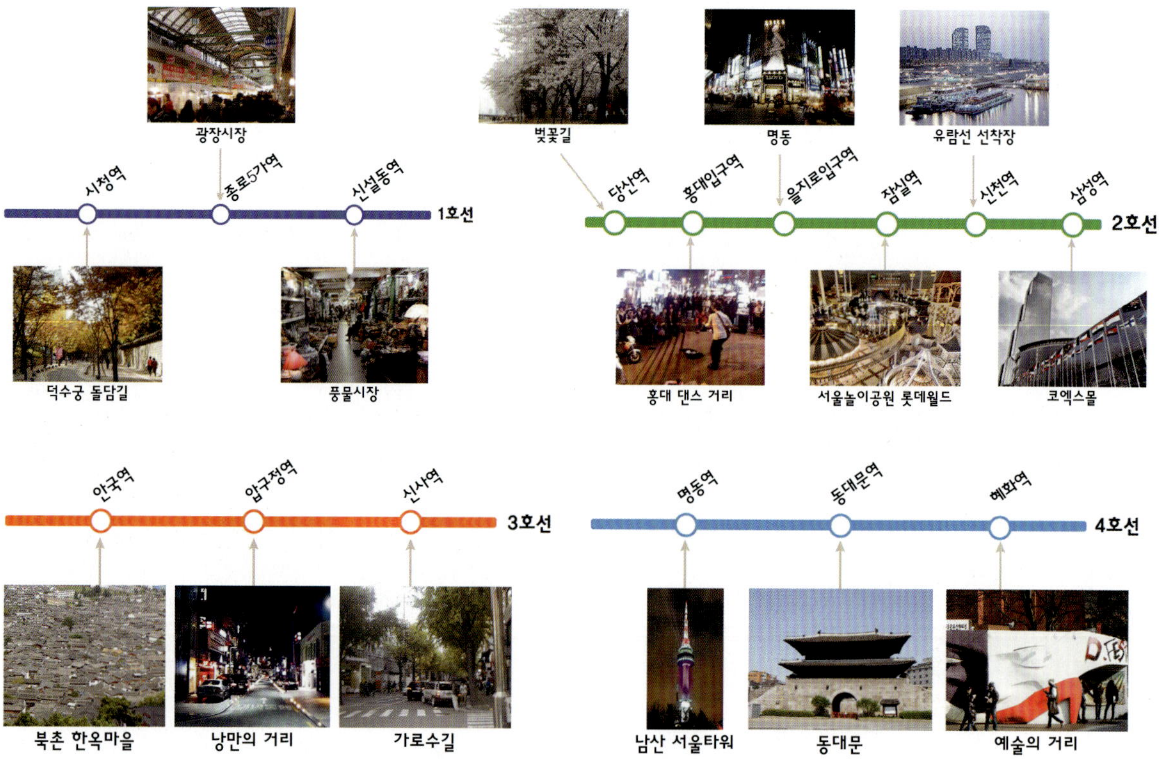

ソウルは公共交通機関が発達した都市のひとつで、外国人もソウルで地下鉄をよく利用します。ソウル市都市鉄道公社とソウルメトロはインターネットのホームページ上に各路線の沿線にある有名な名所を紹介しています。特にソウル市都市鉄道公社は地下鉄を利用したテーマ旅行コースを紹介しています。また、その場所に関する簡略な紹介や出口情報も載せていて、外国人だけでなく韓国の人々にも有用な情報となっています。

● 여러분도 위의 지하철 노선도를 참고해 서울 여기저기를 방문해 보세요.

みなさんも地下鉄の路線図を参考に、ソウルの色々な場所に行ってみましょう。

알쏭달쏭 한국어

韓国語の '-에'は、場所や時間を表す名詞について使用されるという点で、日本語の'-に'と大変よく似ています。けれど、日本語の'-に'をすべて韓国語の'-에'に変えて使用すると、間違った文となってしまう場合もあります。代表的な例として'친구를 만나다(友達に会う)'、'대학생이 되다(大学生になる)'、'어머니를 닮다(母に似ている)'などがあります。

● 次のうち、正しい文章はどれですか。選んでみましょう！

(1) 저는 작년에 회사원에 되었어요.

(2) 동생은 아버지를 닮아서 멋있어요.

(3) 어제 친구에 만났어요. 그리고 밥을 먹었어요.

正解 (2)

제7과 저는 축구하는 것을 좋아해요.

目標 趣味や頻度表現を使って、自分の趣味と、好きな理由を説明することができるようにする。

語彙・表現 趣味、頻度表現

文法 -는 것, -아서/어서/여서

発音 パッチム /ㄴ/, /ㅁ/, /ㅇ/

文化 韓国人の趣味活動

1 (41)

켄토: 진아 씨는 요리하는 것을 좋아해요?

진아: 네, 저는 요리하는 것을 좋아해요.

켄토: 어떤 음식을 자주 만들어요?

진아: 저는 빵하고 케이크 만드는 것을 좋아해요.
그래서 가끔 친구들한테 선물도 해요.

켄토: 와, 그런데 안 어려워요?

진아: 그렇게 안 어려워요. 다음에 같이 만들어요.

새단어

요리하다 料理する	좋아하다 好きだ	어떤 どんな	자주 よく
가끔 時々、たまに	선물 プレゼント	케이크 ケーキ	그렇게 そんなに
다음 次、次回	-한테 -に		

2 🎧 42

에리카: 와, 정수현이다.

진아　: 에리카 씨도 정수현을 좋아해요?

에리카: 네. 노래도 잘하고 잘생겨서 아주 좋아해요.

진아　: 그럼 콘서트에도 자주 가요?

에리카: 일본에서는 콘서트를 자주 안 해서 거의 못 갔어요.
그런데 한국에서는 콘서트를 많이 해서 자주 가요.

새단어

얼굴 顔　잘생기다 かっこいい　콘서트 コンサート　거의 ほとんど
–이다 –だ

어휘·표현

1 취미

책을 읽다

음악을 듣다

영화를 보다

그림을 그리다

사진을 찍다

춤을 추다

피아노를 치다

테니스를 치다

스키를 타다

등산을 하다

야구를 하다

축구를 하다

취미 趣味

그림을 그리다 絵を描く	사진을 찍다 写真を撮る	춤을 추다 踊りを踊る
피아노를 치다 ピアノを弾く	테니스를 치다 テニスをする	스키를 타다 スキーをする
등산을 하다 登山をする	야구를 하다 野球をする	축구를 하다 サッカーをする

연습 1 다음 그림을 보고 〈보기〉와 같이 이야기해 보세요.
次の絵を見ながら例のように話してみましょう。

보기

가: 시간 있을 때 보통 뭐 해요?

나: 음악을 들어요.

(1)

(2)

(3)

(4)

(5)

(6)

새단어

-(으)ㄹ 때 する時

Step Up

'시간이 있을 때'の '-(으)ㄹ 때'は、動詞、または形容詞の語幹について、ある出来事、状況などが起きた時点を表す。

2 빈도 표현

자주　　　　　　　가끔

별로 안/못/없다　　거의 안/못/없다　　전혀 안/못/없다

–에 –번

빈도 표현 頻度表現

자주 しょっちゅう　가끔 時々、たまに　별로 안/못/없다 あまり-ない　거의 안/못/없다 ほとんど-ない
전혀 안/못/없다 まったく-ない　–에 –번 -に -回・度

Step Up

'–에 –번'は'時間+–에+回数'の形で使用され、あることの頻度を表す。
(하루에 한 번, 일주일에 한 번, 한 달에 두 번)

연습 1 다음 빈도 표현을 사용해서 〈보기〉와 같이 이야기해 보세요.

次の頻度表現を使用して、例のように話してみましょう。

자주　가끔　별로　거의　전혀

보기 콘서트에 가다　가: 콘서트에 자주 가요?
나: 네, 자주 가요. / 아니요, 가끔 가요.

(1) 운동을 하다　(2) 한국 음식을 먹다

(3) 영화를 보다　(4) 여행을 하다

연습 2 〈보기〉와 같이 이야기해 보세요.

例のように話してみましょう。

보기 극장, 한 달　가: 극장에 얼마나 자주 가요?
나: 한 달에 한 번 가요.

(1) 운동, 삼 일　(2) 한국 음식, 일주일

(3) 영화, 한 달　(4) 여행, 일 년

연습 3 여러분은 취미가 뭐예요? 얼마나 자주 해요? 친구와 이야기해 보세요.

みなさんの趣味は何ですか。どのくらいの頻度で行いますか。友だちと話してみましょう。

1 -는 것

- '-는 것'は、動詞の語幹について、その動詞を名詞化し、文章の中で主語や目的語、または序述語などの役割を果たす。

動詞の語幹	ㄹ以外の 받침 ○	-는 것	읽다: 읽+는 것→읽는 것
	ㄹ받침	-는 것	만들다: 만들+는 것→만드는 것
	받침×		보다: 보+는 것→보는 것

(1) 가: 운동을 좋아해요?

나: 네, 운동은 다 좋아해요. 특히 스키 타는 것을 좋아해요.

(2) 가: 야구 보는 것을 좋아해요?

나: 네. 그렇지만 보는 것보다 하는 걸 더 좋아해요.

(3) 가: 한국어 공부가 어때요?

나: 재미있어요. 그런데 듣는 게 어려워요.

(4) 가: 유키 씨, 취미가 뭐예요?

나: 제 취미는 한국 음식을 만드는 거예요.

새단어

다 全部　특히 特に　거 こと、もの　걸 ことを
더 もっと　게 ことが

연습 1 〈보기〉와 같이 쓰세요.

例のように書いてみましょう。

보기 박물관에 가다 → 박물관에 가는 것

(1) 사진을 찍다 → ____________ (2) 피아노를 치다 → ____________

(3) 음악을 듣다 → ____________ (4) 음식을 만들다 → ____________

연습 2 〈보기〉와 같이 _____에 알맞은 말을 넣어 이야기한 후 쓰세요.

例のように _____に当てはまる言葉を入れて話してみましょう。
その後、下線部に書いてみましょう。

보기 가: 요리를 자주 해요?
나: 네, 요리하는 것을 좋아해요.

(1) 가: 진아 씨는 춤을 자주 춰요?
나: 네, ______________. 그래서 시간이 있을 때 자주 춰요.

(2) 가: 동일 씨는 야구를 자주 해요?
나: 네, 자주 해요. 그렇지만 야구하는 것보다 ______________ 더 좋아해요.

(3) 가: 레이코 씨는 주말에 밖에 자주 나가요?
나: 아니요. 저는 ______________ 좋아해요. 그래서 밖에 별로 안 나가요.

(4) 가: 준수 씨, 취미가 뭐예요?
나: 제 취미는 ______________________.

연습 3 여러분이 좋아하는 것은 뭐예요? 그리고 싫어하는 것은 뭐예요? 친구와 같이 이야기해 보세요.

みなさんが好きな物は何ですか。また、きらいな物はなんですか。友だちと話してみましょう。

이름	좋아하는 것	싫어하는 것

새단어

싫어하다 きらいだ

2 -아서/어서/여서

●'-아서/어서/여서'は動詞や形容詞の語幹、'名詞+이다'について、ある出来事や状況が起きた理由を表す。

●理由を表す '-아서/어서/여서'の後ろには命令、勧誘を表す'-(으)세요', '같이 -아요/어요/여요'は使用することができない。

켄토 씨는 약속이 있어서 명동에 갔어요. (○)

켄토 씨, 약속이 있어서 명동에 가세요. (×)

켄토 씨, 약속이 있어서 같이 명동에 가요. (×)

●前の文章の時制に関係なく、'-아서/어서/여서'の形を使う。

약속이 **있었어요. 그래서** 명동에 갔어요. → 약속이 **있어서** 명동에 갔어요.

動詞·形容詞の語幹	ㅏ,ㅗ ○	-아서	놀다: 놀 + 아서 → 놀**아서**
	ㅏ,ㅗ ×	-어서	없다: 없 + 어서 → 없**어서**
	하다 ○	-여서	하다: 하 + 여서 → 하**여서** → **해서**
名詞の最後の音節	받침 ○	-이라서	학생이다: 학생 + 이라서 → 학생**이라서**
	받침 ×	-라서	의사이다: 의사 + 라서 → 의사**라서**

(1) 가: 어디 가요?
　나: 일이 있어서 시내에 가요.

(2) 가: 이번 주말에 뭐 해요?
　나: 피곤해서 집에서 쉬고 싶어요.

(3) 가: 어제 등산했어요?
　나: 아니요. 비가 와서 산에 안 갔어요.

(4) 가: 아까 왜 전화를 안 받았어요?
　나: 미안해요. 통화 중이라서 못 받았어요.

새단어

약속 約束	비가 오다 雨が降る	일이 있다 用事がある	시내 市内
피곤하다 疲れる	아까 先ほど、さっき	왜 なぜ	전화를 받다 電話に出る
통화 중 通話中			

연습 1 〈보기〉와 같이 쓰세요.

例のように書いてみましょう。

보기 많다 → 많아서

(1) 좋다 → ________ (2) 보다 → ________

(3) 마시다 → ________ (4) 듣다 → ________

(5) 아프다 → ________ (6) 예쁘다 → ________

(7) 어렵다 → ________ (8) 전화하다 → ________

(9) 학생이다 → ________ (10) 친구이다 → ________

연습 2 〈보기〉에서 ____에 알맞은 표현을 골라 이야기한 후 쓰세요.

例の中から ____に当てはまる表現を選んで話してみましょう。
その後、下線部に書いてみましょう。

보기 휴일이다 많이 걷다 약속이 있다 시간이 없다

(1) 가: 히사요 씨, 어제 미키 씨를 만났어요?
나: 아니요. ________ 못 만났어요.

(2) 가: 정민 씨, 지금 집에 가요?
나: 아니요. 친구하고 ________ 시내에 가요.

(3) 가: 히로시 씨, 오늘 일 안 해요?
나: 오늘은 ________ 일 안 해요.

(4) 가: 영석 씨, 피곤해요?
나: 네. 오늘 ________ 다리가 아파요.

새단어 휴일 休日 걷다 歩く 다리 脚

연습 3 다음 질문에 대한 이유를 친구와 같이 이야기해 보세요.

次の質問に対する理由を友だちと話してみましょう。

질문	대답
어디에 자주 가요?	
배우 중에 누구를 좋아해요?	

연습+

● 여러분의 취미는 무엇입니까? 〈보기〉와 같이 이야기해 보세요.
みなさんの趣味は何ですか。例のように話してみましょう。

보기

가 운동을 하다, 축구를 하다	나 사진을 찍다, 바쁘다

가: 진아 씨, 취미가 뭐예요?
나: 제 취미는 **사진 찍는 것**이에요. 그런데 요즘은 **바빠서** 별로 못 **찍어요**.
켄토 씨는 시간이 있을 때 뭐 해요?
가: 저는 **운동하는 것**을 좋아해요. 특히 **축구하는 것**을 좋아해요.
나: 그래요? 축구를 **잘해요**?
가: 네, 잘 **해요**.

새단어

요즘 この頃、最近　　잘 못 あまり上手ではない

(1)

가 음식을 만들다 비빔밥을 만들다	나 그림을 그리다 일이 많다

(2)

가 운동을 하다 스키를 타다	나 피아노를 치다 피곤하다

Step Up

'잘+동사, 잘 못+동사, 못+동사'を使って能力の程度を表すことができる。

수영을 잘하다　水泳が上手だ
스키를 잘 못 타다　スキーがあまり上手ではない。
피아노를 못 치다　ピアノが弾けない。

활동

1 들어 보세요. 43

1. 여러분은 취미에 대해 무슨 이야기를 합니까?
   みなさんは趣味についてどんな話をしますか。

2. 다음은 친구와 취미에 대해 이야기하는 대화입니다. 들어 보세요.
   次は、友だちと趣味について話している会話です。聞いてみましょう。

- 다음 질문에 답하세요.
  次の質問に答えてみましょう。

  (1) 남자는 뭐 하는 것을 좋아해요?

  ① 춤추는 것　　② 노래하는 것
  ③ 영화 보는 것　　④ 한국어 공부하는 것

  (2) 여자는 누구를 좋아해요? 왜 좋아해요?

새단어

가수 歌手　　알다 知る　　정말 本当に　　한국 가요 韓国に行きます。

2 이야기해 보세요.

1. 여러분의 취미는 무엇입니까? 왜 그것을 좋아합니까? 얼마나 자주 합니까?
   みなさんの趣味は何ですか。好きな理由は何ですか。どの程度の頻度で行いますか。

2. 자신의 취미에 대해 친구와 이야기해 보세요.
   自分の趣味について友だちと話してみましょう。

3 읽어 보세요.

1. 여러분은 취미 생활을 같이 하는 친구가 있습니까? 동호회 회원 모집 공고문에는 어떤 내용이 있을까요?
   みなさんは同じ趣味を持つ友だちがいますか。同好会の会員募集のお知らせには、どのような内容が書かれていますか。

2. 다음은 동호회 회원 모집을 알리는 글입니다. 읽어 보세요.
   次の文は、同好会の会員募集のお知らせです。 読んでみましょう。

> **서울 테니스 동호회 회원 모집**
>
> 여러분, 테니스 치는 것을 좋아합니까?
> 테니스를 처음 배우는 사람도 환영합니다.
> 테니스도 배우고 친구도 사귀어요.
>
> 장소: 서울 테니스 클럽
> 시간: 매주 토요일 오전 10시
> 연락처: 김민석 010-2211-3579

● **다음을 잘 읽고 위의 내용과 같으면 ○, 다르면 ×에 표시하세요.**
次の文を読んで内容と一致する場合は○、一致しない場合は×にチェックを入れてみましょう。

(1) 이 동호회는 일주일에 한 번 테니스를 쳐요. ○ ×

(2) 김민석 씨는 테니스를 배우고 싶어해요. ○ ×

새단어

동호회 同好会	회원 会員	모집 募集	여러분 みなさん
처음 初めて	환영하다 歓迎する	사귀다 付き合う	클럽 クラブ
매주 毎週	연락처 連絡先	일주일 1週間	

4 써 보세요.

1. 여러분은 시간이 있을 때 무엇을 합니까? 얼마나 자주 합니까? 그것을 잘합니까? 간단하게 메모해 보세요.

   みなさんは時間がある時、何をしますか。頻度はどの程度ですか。上手にできますか。簡単にメモしてみましょう。

취미가 뭐예요?	얼마나 자주 해요?	왜 좋아해요?	잘해요?

2. 여러분의 취미를 소개하는 글을 써 보세요.

   みなさんの趣味について書いてみましょう。

발음

● 次の単語を'パッチム /ㄴ/, /ㅁ/, /ㅇ/'に注意して読んでみましょう。

건물 – 감자 – 정말 – 선생님

韓国語のパッチム /ㄴ/は舌先を上歯の内側の歯ぐきに付けて発音します。パッチム/ㅁ/は上唇と下唇を合わせて発音します。また、パッチム/ㅇ/は、口の形は母音の口の形を維持し、舌先は母音を発音する時より若干内側に引いて、丸くしなければなりません。
日本人の韓国語学習者は、しばしば韓国語のパッチム/ㄴ/, /ㅁ/, /ㅇ/を日本語の/ん/の音で発音する傾向にあります。日本語の場合'かばんに'は[kabanni]、'かばんも'は[kabammo]、'かばんを'は[kabangwo]のように/ん/後に続く子音の影響を受けてその音が変化します。このような音韻現象により、日本人学習者の多くは、'동네は[돈네]、'정말'は[점말]のように発音します。けれど、韓国語のパッチム/ㄴ/, /ㅁ/, /ㅇ/は後ろに来る子音の影響より、パッチム発音時の舌の位置や唇の形が重要となってくるため、より注意が必要です。

● 読んでみましょう。 44

(1) 준비, 감자, 향수, 건강

(2) 이 음식은 정말 맛있어요.

(3) 편의점에서 신문하고 담배를 샀어요.

자기평가

・趣味に関して聞いて答えることができますか。	☺	😐	☹
・自分の好きなことに関して、その理由を説明することができますか。	☺	😐	☹

"한국 사람은 쉬는 날에 항상 등산해요?"

● **한국 사람들은 왜 그렇게 등산복을 많이 입고 다닐까요?**
韓国人の多くは、なぜ登山服を着て登山をするのでしょうか。

韓国では週末だけでなく平日にも登山服姿の人々をしばしば見かけることがあります。それだけ登山が好きな人々が多いということでしょう。韓国はもともと山が多く、最近では健康のために登山を楽しむ韓国人も増えてきています。あるアンケート調査によると、韓国人が好きな趣味として登山が1位に選ばれるほどで、登山は韓国の国民的趣味だとも言えます。 この調査によると、登山の他に読書、音楽鑑賞、運動、映画鑑賞、コンピュータ、釣りなどが挙げられました。また、年齢別に見ても、違いがあり、10~-20代は音楽鑑賞、30代は運動、40代は登山や旅行、50代は登山や読書を楽しむと答えました。

● **여러분도 한국 산의 매력에 빠져 보지 않으시겠습니까? 친구와 같이 한국 산을 즐겨 보세요.**
みなさんも韓国の山の魅力を感じてみてはいかがでしょうか。友だちと一緒に韓国で登山を楽しんでみてください。

제8과　야구를 보러 잠실에 갈 거예요.

目標　計画に関連する表現を学び、近い未来の予定について話せるようにする。

語彙・表現　日にちと曜日、週末活動

文法　-(으)ㄹ 것이다, -(으)러

発音　パッチム/ㄱ/, /ㄷ/

文化　韓国の祝日

대화

1 45

진아: 켄토 씨, 생일이 6월 8일이지요?

켄토: 네, 맞아요. 어떻게 알았어요?

진아: 에리카 씨한테 들었어요. 그런데 생일에 뭐 할 거예요?

켄토: 그냥 친구들하고 밥을 먹을 거예요. 진아 씨도 올래요?

진아: 네, 좋아요. 그런데 무슨 요일이에요?

켄토: 금요일이에요.

새단어

생일 誕生日　　맞다 合う　　무슨 何の　　요일 曜日
금요일 金曜日

2

46

에리카: 켄토 씨, 이번 주말에 뭐 할 거예요?

켄토　: 토요일에 야구를 보러 잠실에 갈 거예요. 에리카 씨는 뭐 할 거예요?

에리카: 저는 친구들을 만날 거예요.

켄토　: 친구들하고 뭐 할 거예요?

에리카: 명동에 가서 영화도 보고 쇼핑도 할 거예요.

켄토　: 재미있겠네요. 주말 잘 보내세요.

에리카: 켄토 씨도 야구 재미있게 보세요.

새단어

잠실 蚕室(地名)

재미있겠네요. おもしろそうですね。

재미있게 おもしろく、楽しんで

주말 잘 보내세요. よい週末をお過ごしください。

Step Up

'가서'は通常、'(場所)−에 가서'の形で用いられ、ある場所に行った後、その場所で何かをすることを表現する時に使われる。
'만나서'は '(人)−을/를 만나서'の形で用いられ、ある人に会った後、その人と何かをすることを表現するときに使われる。

어휘·표현

1 날짜와 요일

일월	이월	삼월	사월	오월	유월	칠월	팔월	구월	시월	십일월	십이월
1月	2月	3月	4月	5月	6月	7月	8月	9月	10月	11月	12月

일일	이일	삼일	사일	…	이십구일	삼십일	삼십일일
1日	2日	3日	4日	…	29日	30日	31日

월요일	화요일	수요일	목요일	금요일	토요일	일요일
月曜日	火曜日	水曜日	木曜日	金曜日	土曜日	日曜日

몇 월이에요?
何月ですか。

몇 월 며칠이에요?
何月何日ですか。

무슨 요일이에요?
何曜日ですか。

연습 1 〈보기〉와 같이 이야기해 보세요.
例のように話してみましょう。

> **보기** 2월 10일　　가: 몇 월 며칠이에요?
> 　　　　　　　　　나: 이월 십일이에요.

(1) 1월 16일　　(2) 3월 21일

(3) 6월 24일　　(4) 7월 12일

(5) 10월 29일　　(6) 12월 7일

연습 2 다음 그림을 보고 〈보기〉와 같이 이야기해 보세요.
次の絵を見ながら例のように話してみましょう。

4월

SUN	MON	TUE	WED	THU	FRI	SAT
9	10	11	12	13	14	15
16	17	18	19	20	21	22

> **보기** 10일　　가: 4월 10일이 무슨 요일이에요?
> 　　　　　　　나: 월요일이에요.

(1) 12일　　(2) 14일

(3) 16일　　(4) 18일

연습 3 여러분의 생일은 언제예요? 친구의 생일은 언제예요? 친구와 이야기해 보세요.
みなさんの誕生日はいつですか。友だちの誕生日はいつですか。友だちと話してみましょう。

이름	생일

2 주말 활동

구경하다

콘서트에 가다

영화를 보다

등산을 하다

집에서 쉬다

청소하다

빨래하다

모임에 가다

가족들과 시간을 보내다

주말 활동 週末活動

구경하다 見学する	콘서트에 가다 コンサートに行く	영화를 보다 映画を見る
등산을 하다 登山をする	집에서 쉬다 家で休む	청소하다 掃除をする
빨래하다 洗濯をする	모임에 가다 集まりに行く	가족들과 시간을 보내다 家族との時間を過ごす

연습 1 다음 _____에 알맞은 말을 골라 이야기한 후 쓰세요.
次の中から _____に当てはまる言葉を選んで話してみましょう。
その後、下線部に書いてみましょう。

구경하다	집에서 쉬다	등산을 하다	콘서트에 가다	가족들과 시간을 보내다

(1) 저는 요즘 너무 피곤해요. 그래서 지난 주말에는 ______________________.

(2) 오랜만에 고향에 가서 ______________________.

(3) 미카 씨는 제주도에 갔어요. 제주도에서 민속촌을 ______________________.

(4) 유코 씨는 산을 좋아해요. 그래서 자주 ______________________.

새단어

오랜만에 久しぶりに　　민속촌 民族村　　산 山

연습 2 여러분은 지난 주말에 무엇을 했어요? 친구들과 이야기해 보세요.
みなさんは先週の週末に何をしましたか。友だちと話してみましょう。

1 -(으)ㄹ 것이다

- '-(으)ㄹ 것이다'は動詞について、未来の予定を表す。

動詞の語幹	ㄹ以外の받침 ○	-을 것이다	읽다: 읽 + 을 것이다 → 읽을 것이다
	ㄹ받침と받침 ×	-ㄹ 것이다	가다: 가 + ㄹ 거예요 → 갈 것이다

(1) 가: 영수 씨를 언제 만날 거예요?

나: 이번 주 토요일에 만날 거예요.

(2) 가: 경복궁에 가서 뭐 할 거예요?

나: 구경도 하고 사진도 찍을 거예요.

(3) 가: 언제 결혼을 할 거예요?

나: 내년 봄에 할 거예요.

(4) 가: 점심에 뭘 만들 거예요?

나: 불고기를 만들 거예요.

연습 1 〈보기〉와 같이 쓰세요.
例のように書いてみましょう。

보기 가다 → 갈 거예요

(1) 보다 → ____________ (2) 자다 → ____________

(3) 쉬다 → ____________ (4) 입다 → ____________

(5) 듣다 → ____________ (6) 만들다 → ____________

연습 2 〈보기〉와 같이 ____에 알맞은 말을 넣어 이야기한 후 쓰세요.
例のように____に当てはまる言葉を入れて話してみましょう。
その後、下線部に書いてみましょう。

보기 가: 토요일에 뭐 할 거예요?
나: 집에서 쉴 거예요.

(1) 가: 이번 주말에 뭐 할 거예요?
나: 극장에 가서 ______________________________.

(2) 가: 오사카에 다녀왔어요?
나: 아니요. 다음 주말에 ______________________________.

(3) 가: 점심에 뭐 먹을래요?
나: ______________________________.

(4) 가: 미호 씨는 뭘 만들고 싶어요?
나: ______________________________.

연습 3 여러분은 이번 주말에 어떤 계획이 있어요? 친구와 이야기해 보세요.
みなさんは今週末にどんな予定がありますか。友だちと話してみましょう。

2 -(으)러

- '-(으)러'は、動詞の語幹について、ある場所に移動する理由や目的を表すときに使用される。
- '-(으)러'の後ろには通常、'가다/오다/다니다'といった移動を表す動詞が使用される。

動詞の語幹	ㄹ以外の 받침 ㅇ	-으러	먹다: 먹 +으러 → 먹**으러 가다** / **오다** / **다니다**
	ㄹ받침と 받침 ×	-러	보다: 보 +러 → 보**러 가다** / **오다** / **다니다**

(1) 가: 주말에 뭐 할 거예요?
　나: 친구를 만나러 부산에 갈 거예요.

(2) 가: 미호 씨, 여기 웬일이에요?
　나: 가족 선물을 사러 왔어요.

(3) 가: 에리 씨, 같이 밥 먹으러 갈래요?
　나: 네, 같이 가요.

(4) 가: 민석 씨도 여기 자주 와요?
　나: 네, 운동하러 자주 와요.

새단어

가족 家族　　웬일이에요? 何の用ですか。

연습 1 〈보기〉와 같이 쓰세요.

例のように書いてみましょう。

> **보기** 보다 → 보러 가요

(1) 운동하다 → ____________ (2) 사다 → ____________

(3) 먹다 → ____________ (4) 읽다 → ____________

(5) 놀다 → ____________ (6) 듣다 → ____________

연습 2 〈보기〉와 같이 _____에 알맞은 말을 넣어 이야기한 후 쓰세요.

例のように_____に当てはまる言葉を入れて話してみましょう。
その後、下線部に書いてみましょう。

> **보기** 가: 어디에 가요?
>
> 나: 친구를 만나러 가요.

(1) 가: 유미 씨, 밥 먹으러 가요?

나: 아니요, 친구를 ______________________.

(2) 가: 이번 주 금요일에 뭐 할 거예요?

나: 극장에 ______________________.

(3) 가: 유라 씨도 도서관에 자주 와요?

나: 네, ______________________.

(4) 가: 코이치 씨, 여기 웬일이에요?

나: 어머니 선물을 ______________________.

연습+

● 여러분은 주말이나 휴가 계획을 이야기할 때 어떻게 이야기합니까? 〈보기〉의 대화를 보고 이야기해 보세요.

みなさんは週末や休暇の予定を話すとき、何と言いますか。例のように話してみましょう。

보기

가	나
주말 명동 친구를 만나다 영화를 보다	주말 야구 동호회 모임 야구를 하다 식사를 하다

가: 료 씨, 이번 **주말**에 뭐 할 거예요?

나: 일요일에 **야구 동호회 모임**에 갈 거예요. 동호회에 가서 **야구를 하고 식사할 거예요**. 아키코 씨는 뭐 할 거예요?

가: 저는 토요일에 **명동**에 갈 거예요. **명동**에 가서 **친구를 만날 거예요**. 그리고 **영화를 볼 거예요**.

나: 그럼, 즐거운 **주말**을 보내세요.

새단어

식사하다 食事する　　휴가 休暇　　부모님 両親　　오키나와 沖縄

(1)

가	나
주말 백화점 쇼핑을 하다 선물을 사다	주말 부산 친구를 만나다 쇼핑을 하다

(2)

가	나
휴가 고향 부모님을 만나다 가족들과 시간을 보내다	휴가 오키나와 수영을 하다 쉬다

활동

1 들어 보세요. 47

1. 여러분은 주말에 보통 무엇을 합니까? 주말이 되면 친구들과 무슨 이야기를 합니까?
   みなさんは週末に普段、何をしますか。週末には友だちとどんな話をしますか。

2. 다음은 주말 계획에 대해 이야기하는 대화입니다. 들어 보세요.
   次は、週末の予定に関する会話です。聞いてみましょう。

   - 다음 질문에 답하세요.
     次の質問に答えてみましょう。

     (1) 남자는 토요일에 뭐 할 거예요?

     (2) 여자는 일요일에 뭐 할 거예요?

새단어

가족 모임 家族の集まり

2 이야기해 보세요.

1. 여러분은 다음 휴가 때 어떤 계획이 있습니까? 간단하게 메모해 보세요.
   みなさんは次の休暇にどのような計画を立てていますか。簡単にメモしてみましょう。

언제	어디에서	누구하고	뭐

2. 휴가 계획에 대해 친구와 이야기해 보세요.
   休暇の計画について友だちと話してみましょう。

3 읽어 보세요.

1. 여러분은 다음 주에 어떤 일이 있습니까? 어떤 계획이 있습니까?
   みなさんは来週、どのようなことがありますか。それはどんな予定ですか。

2. 다음은 미호 씨의 다음 주 계획입니다. 읽어 보세요.
   次の文は、みほさんの来週の予定です。読んでみましょう。

> 저는 다음 주에 일이 아주 많습니다.
> 화요일에는 제가 좋아하는 가수의 콘서트를 보러 갈 것입니다.
> 그리고 수요일에는 친구와 만나서 점심을 먹을 것입니다.
> 친구와 저녁을 먹고 함께 태권도 동호회에 갈 것입니다.
> 일요일에는 한국어 시험이 있습니다.
> 그래서 금요일과 토요일에는 도서관에 가서 한국어 시험 준비를 할 생각입니다.

● **다음을 잘 읽고 위의 내용과 같으면 ○, 다르면 ×에 표시하세요.**
次の文を読んで内容と一致する場合は○、一致しない場合は×にチェックを入れてみましょう。

(1) 일요일에 한국어 시험을 볼 거예요. ○ ×

(2) 주말에는 콘서트에 갈 거예요. ○ ×

(3) 수요일에 태권도 동호회에 갈 거예요. ○ ×

4 써 보세요.

1. 여러분은 보통 주말에 무엇을 합니까? 이번 주말에는 무엇을 할 것입니까? 주말 활동에 대해 간단하게 메모해 보세요.
   みなさんは普段、週末に何をしますか。今週末には何をするつもりですか。週末の計画について簡単にメモしてみましょう。

보통 주말에 뭐 해요?	
이번 주말에 뭐 할 거예요?	

2. 위의 내용을 바탕으로 주말 계획에 대한 글을 써 보세요.
   上の内容をもとに、週末の予定について書いてみましょう。

발음

● 次の単語を'パッチム /ㄱ/, /ㄷ/'に注意して読んでみましょう。

학생 － 옷 가게

韓国語のパッチム /ㄱ/は、舌の付根を口蓋に当てた状態から舌を離す際に出る音で、喉の奥から声が出ます。/ㄷ/は舌先を上歯の内側の歯茎に付けて息が出るのを防ぎ、その位置から舌を離す時に、声帯を震わせずに出す音です。
日本人学習者は韓国語のパッチム/ㄱ/と/ㄷ/を、よく日本語の促音'っ'の音で発音する傾向にあります。日本語の場合'がっこう'は [gakko], 'あっさり'は [assari]のように 'っ' の後に続く子音の影響を受けて'っ'の音が変化します。このような音韻現象により、日本人学習者の多くは'학생'は[핟생]、옷가게は[옥가게]のように発音します。 けれど、韓国語のパッチム/ㄱ/と /ㄷ/は後ろに来る子音の影響より、パッチム発音時の舌の位置が重要となってくるため、より注意が必要です。
パッチムで使われる'/ㄱ/, /ㅋ/'は /ㄱ/で発音され、'/ㄷ/, /ㅅ/, /ㅈ/, /ㅊ/, /ㅌ/, /ㅎ/'は /ㄷ/で発音されます。

● 読んでみましょう。 48

(1) 한국 － 굳다

(2) 산꼭대기까지 올라갔어요.

(3) 잘 듣고 따라하세요.

자기평가

週末の予定に関する表現を使用することができますか。	☺	😐	☹
予定を聞いて答えることができますか。	☺	😐	☹

"한국에는 어떤 공휴일이 있어요?"

● 여러분은 한국에 어떤 공휴일이 있는지 알고 있어요? 한국의 공휴일은 언제일까요?
みなさんは、韓国にはどんな祝日があるのか知っていますか。韓国の祝日はいつでしょうか。

皆さんは韓国にどのような祝日があるのか知っていますか。韓国の祝日には、五大国慶日である3・1記念日、憲法記念日、光復節、開天節、ハングルの日があります。そして最も重要な名節である正月と秋夕や、宗教的な記念日には釈迦生誕日とクリスマスがあります。これ以外の祝日には、子供の日や韓国殉国烈士の日などが挙げられます。

○ 설날: 陰暦1月1日. 民族最大の名節のひとつ。
○ 3·1절: 3月 1日。独立運動記念日。
○ 어린이날: 5月 5日. 子供の日。
○ 석가탄신일: 陰暦 4月 8日。'부처님 오신 날(お釈迦様誕生の日)'として仏教最大の記念日。
○ 현충일: 6月 6日. 殉国烈士と戦没将兵を賛える日。
○ 광복절: 8月15日. 独立記念日。
○ 추석: 陰暦 8月 15日. 正月と同様、韓国人の最も重要な名節。
○ 개천절: 10月 3日. 檀君が、初の民族国家である檀君朝鮮を建国したことを賛える日。
○ 한글날: 10月9日. 世宗大王が訓民正音を発布したことを記念する日。
○ 크리스마스: 12月 25日. キリスト教、最大の記念日。

● 일본의 주요 공휴일에는 어떤 날이 있습니까? 몇 월 며칠입니까?
日本の主な祝日にはどのようなものがありますか。また、その日は何月何日ですか。

알쏭달쏭 한국어

日本語の助詞 '-が'は韓国語の助詞 '−이/가'に該当します。そのため、日本人の韓国語学習者の多くは、'축구가 좋아해요 · 싫어해요'または、'운동이 잘해요 · 못해요'というように言うことがあります。けれど、韓国語の'좋아하다, 싫어하다'は形容詞ではなく他動詞であり、'할 수 있다, 못하다'も自動詞ではなく他動詞であるため、助詞'−을/를'を使用しなくてはなりません。

● 次のうち、正しい文章はどれですか。選んでみましょう！

(1) 저는 피아노를 잘 쳐요.

(2) 제 친구는 한국 드라마가 좋아해요.

(3) 어제 배가 아팠어요. 그래서 밥이 못 먹었어요.

正解 (1)

제9과 밖에 눈이 와요.

目標 天気や季節に関する語彙を学び、好きな季節と、その理由について話せるようにする。

語彙・表現 天気、季節、季節の活動

文法 -지만, -(으)ㄹ 수 있다/없다

発音 平叙文のイントネーション

文化 季節ごとの日常生活表現

1 🎧 49

진아 : 와, 밖에 눈이 와요.

에리카: 네. 저기 좀 보세요. 사람들이 눈사람을 만들어요.

진아 : 그러네요. 에리카 씨 고향에도 겨울에 눈이 자주 와요?

에리카: 아니요. 우리 고향에는 눈이 자주 안 와요.
요즘 이렇게 눈을 볼 수 있어서 정말 신나요.

진아 : 그래요? 그럼 우리 눈사람을 만들러 가요.

새단어

눈 雪　눈사람 雪だるま　겨울 冬　이렇게 このように
신나다 (気分・雰囲気が)盛り上がる　그러네요. そうですね。

2

50

민석: 켄토 씨, 밖에 많이 더워요?

켄토: 네. 어제보다 더 더워요. 한국도 여름에 꽤 덥네요.

민석: 켄토 씨는 여름을 좋아해요?

켄토: 아니요. 저는 봄을 좋아해요. 민석 씨는 어느 계절을 좋아해요?

민석: 저는 여름을 좋아해요. 날씨는 덥지만 해수욕장에 가서 수영할 수 있고 휴가도 있어서요.

켄토: 한국 사람들은 보통 어디로 피서를 가요?

민석: 제주도나 강원도로 많이 가고, 요즘은 외국으로도 많이 가요.

새단어

꽤 かなり	어느 どの	계절 季節	따뜻하다 暖かい
봄 春	여름 夏	해수욕장 海水浴場	피서를 가다 避暑に行く
강원도 江原道(地名)	외국 外国	−네요. −ですね。	

Step Up

'−네요.'は動詞や形容詞の語幹、'名詞+이다'について、新しく知った事実に対する話し手の感嘆を表す表現である。

1 날씨

따뜻하다

덥다

시원하다

춥다

비가 오다

눈이 오다

바람이 불다

건조하다

맑다

흐리다

개다

습하다

날씨 天気

따뜻하다 暖かい　덥다 暑い　시원하다 涼しい　춥다 寒い

비가 오다 雨が降る　눈이 오다 雪が降る　바람이 불다 風が吹く　맑다 晴れている

흐리다 曇っている　개다 晴れる　습하다 じめじめする　건조하다 乾燥している

연습 1 다음 그림을 보고 〈보기〉와 같이 이야기해 보세요.

次の絵を見ながら例のように話してみましょう。

보기

가: 오늘 날씨가 어때요?

나: 바람이 불어요.

(1) 

(2) 

(3) 

(4) 

(5) 

(6) 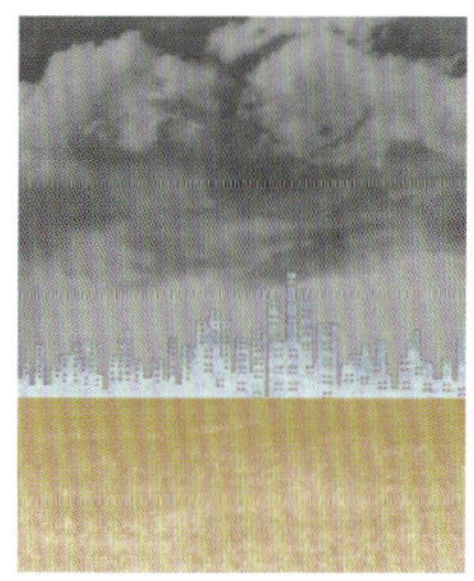

연습 2 오늘은 날씨가 어때요? 어제는 어땠어요? 친구와 이야기해 보세요.

今日の天気はどうですか。昨日はどうでしたか。友だちと話してみましょう。

2 계절 / 계절 활동

봄　　　　여름　　　　가을　　　　겨울

꽃구경을 가다

피서(여름휴가)를 가다

해수욕장에 가다

단풍 구경을 가다

눈사람을 만들다

스키를 타다

눈썰매를 타다

소풍을 가다

계절/계절 활동 季節/季節の活動

봄 春　　여름 夏	가을 秋　　겨울 冬
꽃구경을 가다 花見に行く	피서(여름휴가)를 가다 避暑(夏のバカンス)に行く
해수욕장에 가다 海水浴場に行く	단풍 구경을 가다 紅葉狩りに行く
눈사람을 만들다 雪だるまを作る	스키를 타다 スキーをする
눈썰매를 타다 ソリに乗る	소풍을 가다 遠足・ピクニックに行く

연습 1 다음 그림과 어울리는 단어를 찾아 연결하고 〈보기〉와 같이 이야기해 보세요.

次の絵に関連する季節を選んで、線でつなぎ、例のように話してみましょう。

보기 가: 봄에는 뭐 해요?

나: 꽃구경을 가요.

(1) 

(2) 

(3) 

(4) 

(5) 

- 봄
- 여름
- 가을
- 겨울

문법

1 -지만

● '-지만'は、動詞や形容詞の語幹、'名詞+이다'について、前後の文章の内容が反対の意味を持つことを示す。

動詞·形容詞の語幹	받침 O, X	-지만	읽다: 읽 + 지만 → 읽**지만**
			크다: 크 + 지만 → 크**지만**
名詞の最後の音節	받침 O	-이지만	학생이다: 학생 + 이지만 → 학생**이지만**
	받침 X	-지만	휴가이다: 휴가 + 지만 → 휴가**지만**

(1) 가: 영은 씨 가족은 모두 키가 커요?

나: 아니요. 우리 형은 크지만 동생은 키가 작아요.

(2) 가: 에리 씨는 한국어를 정말 잘하네요.

나: 아니에요. 말하기는 잘하지만 쓰기는 잘 못해서 걱정이에요.

(3) 가: 켄지 씨, 오늘 친구들하고 같이 야구장에 갈래요?

나: 저도 가고 싶지만 오늘은 약속이 있어요.

(4) 가: 어제 등산은 어땠어요?

나: 조금 힘들었지만 재미있었어요.

새단어

모두 みんな	키가 크다 背が高い	형 兄	동생 弟、妹
쓰기 ライティング	걱정 心配	야구장 野球場	힘들다 大変だ

연습 1 〈보기〉와 같이 쓰세요.

例のように書いてみましょう。

> **보기** 서울에는 눈이 오지만 부산은 맑아요. (오다)

(1) 오늘은 수업이 ____________ 내일은 없어요. (있다)

(2) 우리 고향은 여름에 ____________ 비는 많이 안 와요. (덥다)

(3) 설악산에 ____________ 등산은 안 했어요. (가다)

(4) 카즈키 씨는 ____________ 한국어를 아주 잘해요. (일본 사람이다)

새단어 설악산 雪嶽山

연습 2 〈보기〉와 같이 _____에 알맞은 말을 넣어 이야기한 후 쓰세요.

例のように _____に当てはまる言葉を入れて話してみましょう。
その後、下線部に書いてみましょう。

> **보기** 가: 한국 음식이 안 매워요?
> 나: 맵지만 맛있어요.

(1) 가: 한국어 공부 어때요?

나: ____________________ 재미있어요.

(2) 가: 수영 씨는 일본어를 잘하네요. 그런데 영어도 잘해요?

나: 아니요. ____________________ 영어는 잘 못해요.

(3) 가: 시험 잘 봤어요?

나: ____________________ 시험은 잘 못 봤어요.

(4) 가: 맛나식당은 음식이 맛있어요?

나: ____________________ 맛있어요.

(5) 가: 여행 잘 갔다 왔어요?

나: 네. ____________________ 재미있었어요.

(6) 가: 어제 친구 생일 선물 샀어요?

나: 아니요. ____________________ 백화점 문을 닫아서 못 샀어요.

새단어

갔다 오다 行って来る　　가게 店　　문을 닫다 (お店が)閉まる

2 -(으)ㄹ 수 있다/없다

● '-(으)ㄹ 수 있다/없다'は動詞の語幹について可能や能力を表す。

動詞の語幹	ㄹ以外の받침 O	-을 수 있다/없다	좋다: 좋+을 것이다→좋**을 것이다**
	ㄹ받침と받침 X	-ㄹ 수 있다/없다	가다: 가+ㄹ 것이다→**갈 것이다**

(1) 가: 나오키 씨는 봄을 좋아해요?

나: 네. 꽃구경을 갈 수 있어서 봄을 좋아해요.

(2) 가: 지금 설악산에서 단풍을 볼 수 있어요?

나: 아직 볼 수 없어요. 다음 달에 가세요.

(3) 가: 은서 씨는 프랑스말도 할 수 있어요?

나: 조금 읽을 수 있어요. 그렇지만 말은 잘 못해요.

(4) 가: 치호 씨는 한국 음식을 만들 수 있어요?

나: 아니요. 한국 음식을 좋아하지만 못 만들어요.

Step Up

能力不足のため、あることができないということを表す表現には'-(으)ㄹ 수 없다'と '못'があるが、'못'の方がより頻繁に使用される。

연습 1 〈보기〉와 같이 쓰세요.

例のように書いてみましょう。

보기 가다(○) → 갈 수 있어요

가다(×) → 갈 수 없어요

(1) 보다(○) → ________ (2) 읽다(×) → ________

(3) 듣다(○) → ________ (4) 만들다(×) → ________

연습 2 〈보기〉와 같이 ____에 알맞은 말을 넣어 이야기한 후 쓰세요.

例のように___に当てはまる言葉を入れて話してみましょう。その後、下線部に書いてみましょう。

보기 가: 한국 음식 잘 먹네요.

나: 네. 이제 떡볶이도 먹을 수 있어요.

(1) 가: 마미 씨, 피아노를 잘 치네요.

나: 고등학교 때 배워서 조금 ________.

(2) 가: 교통카드를 사고 싶어요. 어디에서 팔아요?

나: 지하철역하고 편의점에서 ________.

(3) 가: 코지 씨, 축구하러 갈래요?

나: 얼마 전에 다리를 좀 다쳐서 ________.

(4) 가: 소희 씨, 불고기를 ________?

나: 아니요, 저는 못 만들어요.

새단어

교통카드 交通カード　팔다 売る　얼마 전에 ちょっと前に　다치다 怪我をする

운전하다 運転する

(5) 가: 유스케 씨, ____?

나: 일본에서는 운전을 했지만 한국에서는 안 해요.

(6) 가: 한국어를 정말 잘하네요.

나: 네. 이제 한국어로 ________________________________.

연습 3 요즘 날씨가 어때요? 날씨 때문에 무엇을 할 수 있고, 무엇을 할 수 없는지 친구와 이야기해 보세요.

最近どんな天気ですか。天気のため、何ができて、何をすることができないのか、友だちと話してみましょう。

계절	날씨가 어때요?	무엇을 할 수 있어요?	무엇을 할 수 없어요?
봄			
여름			
가을			
겨울			

연습+

● 여러분은 어느 계절을 좋아합니까? 〈보기〉의 대화를 보고 이야기해 보세요.
みなさんはどの季節が好きですか。例のように話してみましょう。

보기

가	나
겨울	겨울
여름	날씨는 춥다
날씨는 습하다	스키를 타다
해수욕장에서 수영하다	

가: 마키 씨, 밖에 **눈이 많이 오네요**.
나: 와, 그러네요.
가: 마키 씨는 **겨울**을 좋아해요?
나: 네. **겨울**에 **날씨는 춥지만 스키를 탈 수 있어서** 저는 **겨울**을 좋아해요.
현우 씨는 어때요?
가: 저는 **여름**을 좋아해요. **날씨는 습하지만 해수욕장에서 수영할 수 있어서**
여름을 좋아해요.

(1)

가	나
가을	가을
여름	바람이 불다
날씨는 덥다	단풍 구경을 하다
여름휴가를 가다	

(2)

가	나
봄	봄
겨울	날씨는 건조하다
날씨는 춥다	꽃구경을 가다
눈썰매를 타러 가다	

활동

1 들어 보세요. 🎧 51

1. 여러분은 일기예보를 자주 듣습니까? 일기예보에서는 무엇을 알려 줍니까?
   みなさんは天気予報をよく聞きますか。天気予報はどんなことを教えてくれますか。

2. 다음은 일기예보입니다. 들어 보세요.
   次の内容は、天気予報です。聞いてみましょう。

   ● 다음 질문에 답하세요.
   次の質問に答えてみましょう。

   (1) 오늘은 날씨가 어땠어요? 모두 고르세요.

   ①  ②  ③  ④ 

   (2) 주말에는 날씨가 어때요? 모두 고르세요.

   ①  ②  ③  ④ 

새단어

-겠습니다 -でしょう。　　즐거운 주말 보내시기 바랍니다. 良い週末をお過ごしください。

Step Up

'-겠습니다'は動詞と形容詞の語幹について、未来の予定を表す表現で、天気予報など、公の場で使用される。

2 이야기해 보세요.

1. 여러분은 어느 계절을 좋아합니까? 왜 그 계절을 좋아합니까?
   みなさんはどの季節が好きですか。その季節が好きな理由は何ですか。

어느 계절을 좋아해요?	날씨가 어때요?	무엇을 할 수 있어요?

2. 여러분이 좋아하는 계절에 대해서 친구와 이야기해 보세요.
   みなさんの好きな季節について、友だちと話してみましょう。

3 읽어 보세요.

1. 여러분은 일기예보를 자주 봅니까? 일기예보를 보면 무엇을 알 수 있습니까?
   みなさんは天気予報をよく見ますか。天気予報からどんな情報を得ることができますか。

2. 다음은 신문에 나온 일기예보의 일부입니다. 읽어 보세요.
   次の絵は、新聞に掲載された天気予報の一部です。読んでみましょう。

〈일기예보〉

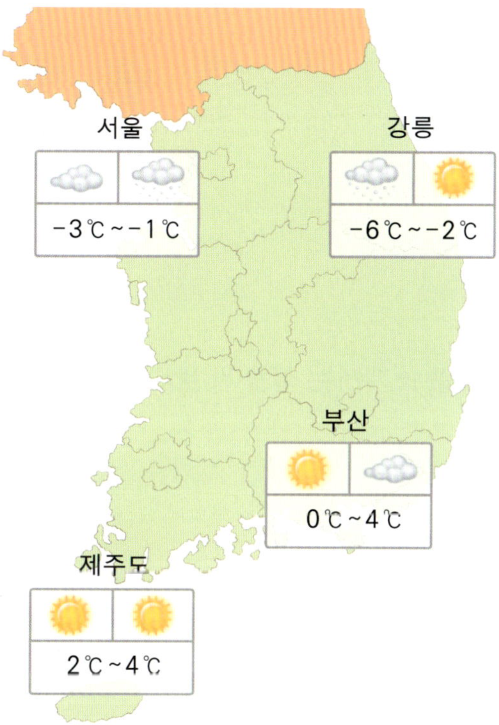

- **다음을 잘 읽고 위의 내용과 같으면 ○, 다르면 ×에 표시하세요.**
  上の内容と一致する場合は○、一致しない場合は×にチェックを入れてみましょう。

(1) 부산은 강릉보다 춥지만 맑아요.	○	×
(2) 서울은 오전에 눈이 오고 오후에 개요.	○	×
(3) 강릉에는 눈이 오지만 제주도는 맑아요.	○	×

새단어

일기예보 天気予報　　−℃(도) -℃(度)　　영하 零下　　영상 [零上]気温が零度以上のこと

4 써 보세요.

1. 여러분 고향의 날씨는 어떻습니까? 사람들은 계절에 따라 어떤 활동을 합니까? 간단하게 메모해 보세요.
みなさんの故郷の気候はどうですか。季節ごとに何を行いますか。簡単にメモしてみましょう。

	날씨가 어때요?	사람들은 무엇을 해요?
봄		
여름		
가을		
겨울		

2. 위의 메모를 바탕으로 여러분 고향의 날씨를 소개하는 글을 써 보세요.
上の内容をもとに、みなさんの故郷の気候について書いてみましょう。

발음

● 次の文章をイントネーションに注意して読んでみましょう。

미미 씨는 음악 듣는 것을 좋아해요.

철수 씨는 회사에 안 왔어요.

韓国語の平叙文のイントネーションは、ひとつのを基準とし、一般的に最初の音節は低く(L)始めて、最後の音節は上げながら(H)長く発音する特徴があります。そして文章の一番最後の部分は下げて発音します。

저는 김연아예요.

さらに、LとHの間では音の高低が繰り返されますが、日本語の場合には LHHH, HLLLのようなケースが多く、韓国語を発音する際は注意しなければなりません。

리에 씨는 영화 보는 것을 좋아해요.

けれど、意味単位の最初の音節の子音がㄲ, ㅋ, ㄸ, ㅌ, ㅃ, ㅍ, ㅅ, ㅆ, ㅉ, ㅊ, ㅎである場合は、高い音(H) から始められます。

수정 씨는 학교에 안 왔어요.

● 読んでみましょう。 52

(1) 이거 제 카메라예요.

(2) 저는 한국 영화를 좋아해요.

(3) 어제 사키 씨하고 같이 쇼핑을 했어요.

자기평가

天気を説明することができますか。			
好きな季節の天気と、好きな理由について説明することができますか。			

"더위를 먹었어요."

● 날씨가 너무 더워서 땀도 많이 나고 어지럽고 입맛도 없을 때 뭐라고 할까요?
天気が暑く、汗もたくさんかき、めまいがして食欲もないとき、何というでしょうか。

韓国語には、天気や季節により生じる特別な身体現象を表現する言葉があります。
まず春になると天気が暖かくなり、眠気を感じる時が多くなりますが、これを'춘곤증'といいます。
また、人によっては、暑さや寒さに特に弱い場合があり、こういった時'더위/추위를 타다'という言葉を使って、"저는 더위를 많이 타요."、"저는 추위를 많이 타요."と言います。また、"더위(를) 먹었어요."という表現は、とても暑くて汗をたくさんかき、頭痛がして、目がくらみ、食欲もない時に使う言葉です。

● 날씨나 계절에 따라 느끼는 변화를 이야기해 보세요.
天気や季節によって感じる変化について話してみましょう。

제10과 청구역에서 6호선으로 갈아타야 돼요.

目標 交通に関する表現を学び、公共交通機関を利用してある場所まで行く方法を説明できるようにする。

語彙・表現 交通手段, 公共交通機関に関する表現

文法 -아야/어야/여야 되다, -(으)ㄹ 것이다

発音 パッチム /ㄴ/, /ㄹ/

文化 交通カードの利用方法

1 🎧 53

켄토: 진아 씨는 어디에 살아요?

진아: 저는 오금동에 살아요.

켄토: 오금동이요? 그럼 회사에 뭘 타고 다녀요?

진아: 지하철을 타고 다녀요. 그런데 한 번 갈아타야 돼요.

켄토: 어디에서 갈아타요?

진아: 청구에서 6호선으로 갈아타요.

켄토: 그렇구나. 여기에서 멀어요?

진아: 네. 45분쯤 걸려요. 켄토 씨는 학교에 걸어다니지요?

켄토: 아니에요. 집에서 학교까지 가깝지만 버스를 타고 다녀요.

새단어

살다 住む
청구 青丘(地名)
타고 가다/오다/다니다 乗って行く・来る・通う
–동 –洞
갈아타다 乗り換える
걸어서 가다/오다/다니다 歩いて行く・来る・通う
그렇구나. そうなんだ。
–호선 –号線

2 54

민석 : 에리카 씨, 뭘 그렇게 열심히 봐요?

에리카: 오늘 이태원에 가야 돼서 거기에 가는 버스를 찾고 있어요.

민석 : 110번 버스가 이태원까지 한 번에 가요.

에리카: 그렇구나. 그런데 시간이 많이 걸릴까요?

민석 : 네. 오늘은 토요일이라 길이 많이 막힐 거예요.
그러니까 지하철을 타고 가세요.

에리카: 지하철도 한 번에 가요?

민석 : 아니요. 지하철은 한 번 갈아타야 되지만 버스보다 빨리 갈 수 있을 거예요.

에리카: 그럼 지하철을 타야겠네요. 알려 줘서 고마워요.

새단어

열심히 一生懸命	이태원 梨泰院(地名)
찾다 探す	한 번에 가다 (乗り換えずに)一本で行く
길이 막히다 道が混む	알려 주다 教えてあげる・くれる
타야겠네요. 乗らないといけないですね。	-고 있다 -している

Step Up

1. '-(으)ㄹ까요?'は自分がよくわからないことを推測し、相手に質問する時に使う表現である。
2. '-(으)니까'は '그러니까'の意味と同じで、一般的に後ろに命令形や勧誘形の文章に使用されるという点も同様である。

어휘·표현

1 교통수단

지하철

버스

자전거

차

기차

택시

비행기

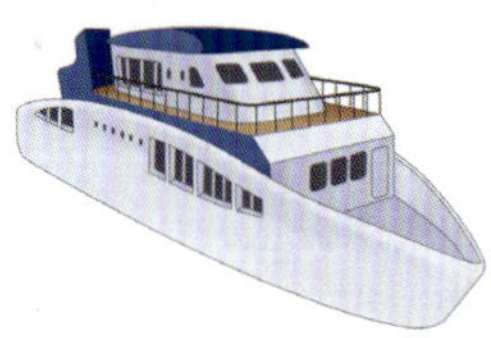

배

오토바이

교통수단 交通手段

지하철 地下鉄	버스 バス	자전거 自転車	차 車
기차 汽車	택시 タクシー	비행기 飛行機	배 船
오토바이 バイク			

연습 1 다음 그림을 보고 〈보기〉와 같이 이야기해 보세요.

次の絵を見ながら例のように話してみましょう。

보기

가: 뭘 타고 가요?

나: 차를 타고 가요.

(1)

(2)

(3)

(4)

(5)

(6)

연습 2 여러분은 다음 장소에 뭘 타고 가요? 친구와 이야기해 보세요.

みなさんは次の場所に何に乗って行きますか。友だちと話してみましょう。

학교	회사
한국	고향 집

2 대중교통 관련 표현

-을/를 타고 가다

앉아서/서서 가다

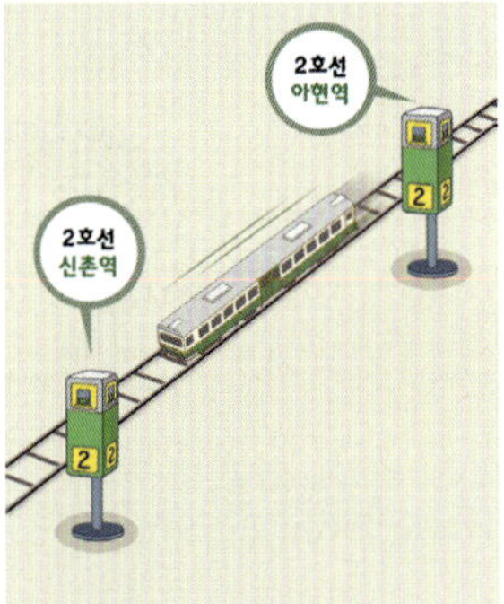

한 번에 가다

-(으)로 갈아타다

돌아가다

길이 막히다

대중교통 관련 표현 公共交通機関に関する表現

-을/를 타고 가다 -に乗って行く

앉아서 가다 座って行く

서서 가다 立って行く

한 번에 가다 (乗り換えずに)一本で行く

-(으)로 갈아타다 -に乗り換える

돌아가다 遠回りをする

길이 막히다 道が混む

연습 1 다음 그림을 보고 ______에 알맞은 말을 넣어 이야기한 후 쓰세요.

次の絵を見ながら、例のように ____に当てはまる言葉を入れて話してみましょう。
その後、下線部に書いてみましょう。

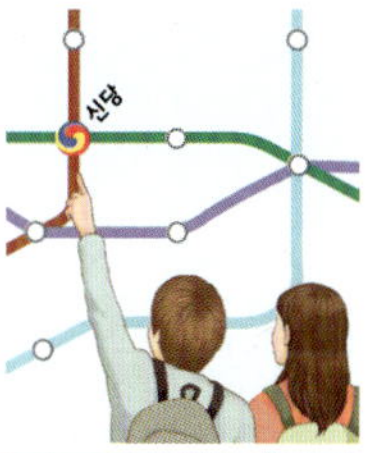

(1) 가: 신당역에서 ______________________________?

나: 네, 맞아요.

(2) 가: 퇴근 시간이라서 ______________________________.

나: 그러네요. 빨리 집에 가고 싶은데요.

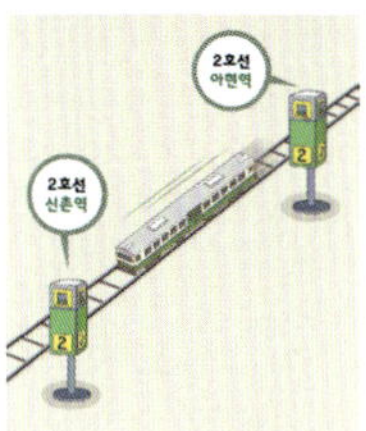

(3) 가: 신촌까지 ________________________ 정말 편하네요.

나: 맞아요. 안 갈아타서 좋아요.

(4) 가: 이 버스 명동에 가요?

나: 네, 가요. 그런데 ______________________________

시간이 많이 걸려요.

(5) 가: 피곤해요? 얼굴이 왜 그래요?

나: 집에서 회사까지 계속 __________________________

너무 힘들어요.

새단어

퇴근 시간 退勤時間　　길 道　　편하다 楽だ　　모르겠어요. わかりません。

문법

1 -아야/어야/여야 되다

● '-아야/어야/여야 되다'は動詞について、必ずしなければならないことや行為を表す。

動詞の語幹	ㅏ, ㅗ O	-아야 되다	놀다: 놀 + 아야 돼요 → 놀**아야 돼요**
	ㅏ, ㅗ X	-어야 되다	읽다: 읽 + 어야 돼요 → 읽**어야 돼요**
	하다	-여야 되다	운동하다: 운동하 + **여야 돼요** → 운동**해야 돼요**

(1) 가: 명동까지 한 번에 갈 수 있어요?

나: 아니요. 신당에서 2호선으로 한 번 갈아타야 돼요.

(2) 가: 보고서가 언제까지예요?

나: 내일까지예요. 그래서 오늘 끝내야 돼요.

(3) 가: 오늘은 계속 머리가 아프네요.

나: 그럴 때는 좀 쉬어야 돼요. 잠깐 쉬고 하세요.

(4) 가: 오늘 바빠요?

나: 네. 내일 야구 경기가 있어서 연습해야 돼요.

새단어

보고서 報告書　　끝내다 終える　　머리 頭　　그럴 때 そういう時
잠깐 ちょっと

연습 1 〈보기〉와 같이 쓰세요.

例のように書いてみましょう。

보기 가다 → 가야 돼요

(1) 보다 → ____________ (2) 먹다 → ____________

(3) 쓰다 → ____________ (4) 전화하다 → ____________

(5) 만들다 → ____________ (6) 듣다 → ____________

연습 2 〈보기〉와 같이 ______에 알맞은 말을 넣어 이야기한 후 쓰세요.

例のように ______に当てはまる言葉を入れて話してみましょう。
その後、下線部に書いてみましょう。

보기 가: 오늘 오후에 시간이 있어요?

나: 아니요. 어제부터 배가 계속 아파서 오늘은 병원에 가야 돼요.

(1) 가: 이번 토요일에 한강공원에 갈래요?

나: 미안해요. 다음 주 월요일에 시험이 있어서 ____________.

(2) 가: 이 서류는 언제까지 ____________?

나: 이번 주 금요일까지 내세요.

(3) 가: 보고서는 다 썼어요?

나: 아직 다 못 썼어요. 조금 더 ____________.

(4) 가: 손님들 음식은 다 만들었어요?

나: 아직 못 했어요. 지금부터 ____________.

새단어

서류 書類

(5) 가: 오늘 뭐 할 거예요?

나: 다음 주가 어머니 생일이라서 어머니 ______________________________.

(6) 가: 내일 뭐 해요? 같이 영화 볼래요?

나: 내일은 수진 씨하고 약속이 있어서 수진 씨를 ______________________.

다음에 같이 봐요.

연습 3 **이번 주말에 무엇을 해야 돼요? 왜 해야 돼요? 친구하고 같이 이야기해 보세요.**

今週末にしなくてはいけないことは何ですか。なぜそれをしなくてはいけませんか。友だちと話してみましょう。

2 -(으)ㄹ 것이다

● '-(으)ㄹ 것이다'は動詞や形容詞の語幹、'名詞+이다'について推測の意味を表す。

動詞·形容詞の語幹	ㄹ以外の받침 ○	-을 것이다	좋다: 좋 + 을 것이다 → 좋**을 것이다**
	ㄹ받침と받침 ×	-ㄹ 것이다	가다: 가 + ㄹ 것이다 → **갈 것이다**
名詞の最後の音節	받침 ○, ×	-일 것이다	학생이다: 학생 + 일 것이다 → 학생**일 것이다**
			친구이다: 친구 + 일 것이다 → 친구**일 것이다**

(1) 가: 지금도 차가 막힐까요?

나: 지금 시간에는 안 막힐 거예요.

(2) 가: 연우 씨는 영어를 할 수 있어요?

나: 연우는 전에 미국에 잠낀 살았어요. 그러니까 아마 할 수 있을 거예요.

(3) 가: 미리 씨 생일 파티하는 거 진호도 알아요?

나: 윤희가 아까 진호한테 전화했어요. 그러니까 아마 알 거예요.

(4) 가: 윤정 씨한테 언제 전화해야 돼요?

나: 지금쯤 일이 끝났을 거예요. 지금 해 보세요.

새단어

영어 英語　　아마 多分　　지금쯤 今頃

연습 1 〈보기〉와 같이 쓰세요.

例のように書いてみましょう。

보기 가다 → 갈 거예요

(1) 예쁘다 → ________ (2) 읽다 → ________

(3) 듣다 → ________ (4) 멀다 → ________

(5) 덥다 → ________ (6) 의사이다 → ________

연습 2 〈보기〉와 같이 ______에 알맞은 말을 넣어 이야기한 후 쓰세요.

例のように ______に当てはまる言葉を入れて話してみましょう。
その後、下線部に書いてみましょう。

보기 가: 신촌까지 시간이 오래 걸릴까요?
나: 네. 지금은 길이 막혀서 시간이 오래 걸릴 거예요.

(1) 가: 저 식당 된장찌개가 맛있을까요?
나: 저 식당은 음식이 다 맛있어요.
그러니까 된장찌개도 ________________.

(2) 가: 지금 가면 앉아서 갈 수 있을까요?
나: 지금 시간에는 아마 ________________.

(3) 가: 저 집은 방세가 비쌀까요?
나: 저 집은 역에서 가까워요. 그러니까 ________________.

(4) 가: 경준 씨, 저도 한국 신문을 읽을 수 있을까요?
나: 초급 학생에게 신문은 조금 ________________.

(5) 가: 혹시 약 있어요? 머리가 너무 아파서요.

나: 저는 없지만 미키 씨는 항상 약을 가지고 다녀요.

미키 씨한테 약이 ______________________________.

(6) 가: 윤정 씨는 지금쯤 일본에 도착했을까요?

나: 그럼요. 오전에 출발했어요. 그러니까 ____________________.

새단어

시간이 걸리다 時間がかかる	오래 長く	방세 家賃	초급 初級
혹시 もしかして	가지고 다니다 持ち歩く		

연습 3 **친구, 물건, 한국 등에 대해 추측해 보세요. 그리고 그렇게 생각한 이유도 함께 이야기해 보세요.**

友だち、物、韓国などについて推測してみましょう。また、そのように考える理由も合わせく話しくみましょう。

● 여러분은 학교나 직장에 어떻게 갑니까? 〈보기〉의 대화를 보고 이야기해 보세요.
みなさんは学校や職場にどのように行きますか。例のように話してみましょう。

보기

가 분당	나 동대문 근처
	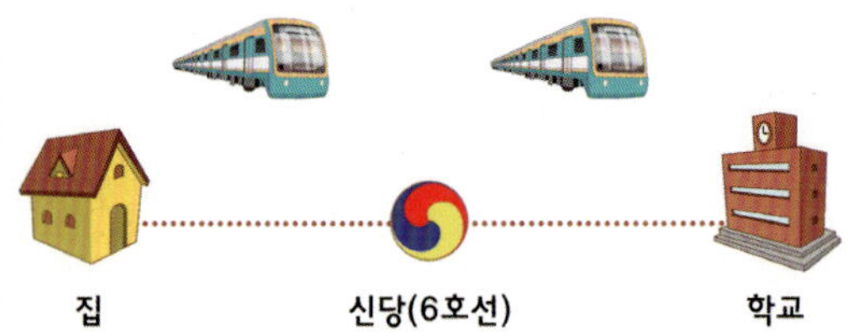
시간이 많이 걸리다 한 번에 갈 수 있어서 편하다	빨리 갈 수 있어서 좋다

가: 히로시 씨는 어디 살아요?

나: 저는 **동대문 근처**에 살아요.

가: 그럼 **학교**에 어떻게 다녀요?

나: 저는 **지하철**을 타고 다녀요.

가: 한 번에 가요?

나: 아니요, **신당역에서 6호선으로 갈아타야 돼요**. 그렇지만 **빨리 갈 수 있어서 좋아요**. 연수 씨는 어디 살아요?

가: 저는 **분당**에 살아요.

나: 그럼 **집**에서 **회사**까지 어떻게 다녀요?

가: **회사**까지 가는 **버스**가 있어서 그걸 타고 다녀요. **시간이 좀 많이 걸리지만 한 번에 갈 수 있어서 편해요.**

(1)

가 수서

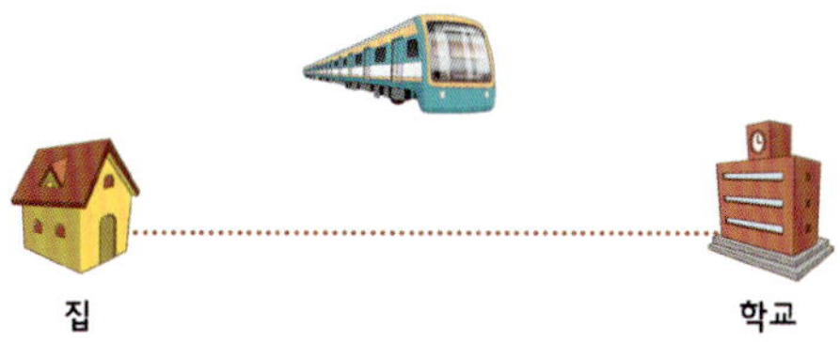

한 번에 가서 편하다

서서 갈 때가 많아서 힘들다

나 광화문 근처

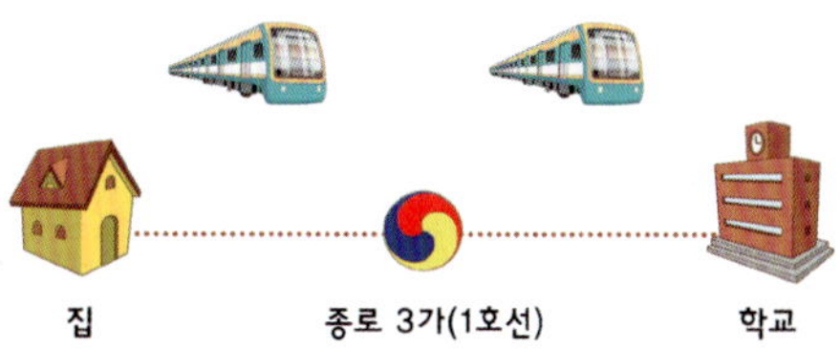

지하철에 사람이 별로 없어서 좋다

(2)

가 인천

길이 막혀서 오래 걸리다

앉아서 가서 편하다

나 상수동

시간이 별로 안 걸려서 다니기 편하다

활동

1 들어 보세요. 55

1. 여러분은 어디에 자주 갑니까? 거기에 어떻게 가야 됩니까?
   みなさんはよくどこに行きますか。そこにはどのように行きますか。

2. 다음은 친구와 삼청동에 가는 교통편에 대해 이야기하는 대화입니다. 잘 들어 보세요.
   次は、友だちと三清洞への行き方について話している会話です。聞いてみましょう。

- 다음 질문에 답하세요.
  次の質問に答えてみましょう。

  (1) 압구정동에서 삼청동까지 어떻게 갈 수 있어요?

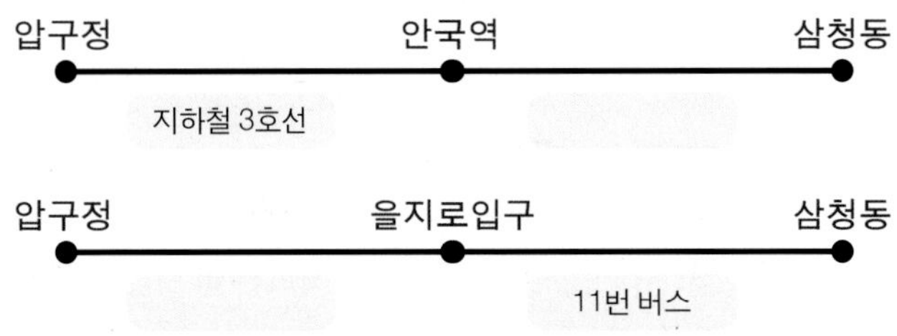

  (2) 여자와 남자는 안국역에서 삼청동까지 어떻게 갈 거예요?

2 이야기해 보세요.

1. 여러분은 어디에 자주 갑니까? 거기에 어떻게 갑니까?
   みなさんはよくどこに行きますか。そこにはどのように行きますか。

자주 가는 곳 よく行く場所	가는 방법 行き方	소요 시간 所要時間

2. 위의 메모를 보면서 여러분이 거기에 어떻게 가는지 친구와 이야기해 보세요.
   上のメモを見ながら、みなさんがよく行く場所までの行き方について友だちと話してみましょう。

3 읽어 보세요.

1. 여러분은 인터넷에서 교통편을 검색해 본 적이 있습니까? 거기에 어떤 내용이 있었습니까?
   みなさんはインターネットで交通案内を調べたことがありますか。
   そこにはどのような内容が書かれていましたか。

2. 다음은 교통편 검색 결과입니다. 읽어 보세요.
   次の絵は、交通案内の検索結果です。読んでみましょう。

신촌 → 경복궁

추천 5	버스10	지하철4	버스+지하철5

2호선 신촌역 → 3호선 을지로3가역 → 경복궁역 하차
약 29분(도보 10분)/ 1,050원
지하철 9개 역

2호선 신촌역 → 버스 303(종로백화점) → 경복궁역 하차
약 30분(도보 5분)/ 1,050원
버스 4개 정거장 + 지하철 4개 역

버스 707(신촌병원) → 적선동 하차
약 30분(도보 17분)/ 1,050원
버스 3개 정거장

● 다음을 잘 읽고 위의 내용과 같으면 ○, 다르면 ×에 표시하세요.
次の文を読んで内容と一致する場合は○、一致しない場合は×にチェックを入れてみましょう。

(1) 이 사람은 신촌에서 경복궁에 가고 싶어해요. ○ ×

(2) 을지로3가역에서 지하철 3호선으로 갈아타야 돼요. ○ ×

(3) 신촌역 앞에서 707번 버스를 탈 수 있어요. ○ ×

새단어

신촌 新村(地名)	추천 推薦、おすすめ	하차 下車	약 約
도보 徒歩	정거장 停留所	적선동 積善洞(行政区画)	

4 써 보세요.

1. 여러분은 일본에서 어디를 여행해 봤습니까? 거기에 어떻게 갔습니까? 간단히 메모해 보세요.

   みなさんは、日本の国内旅行ではどこに行ったことがありますか。そこにはどのように行きましたか。簡単にメモしてみましょう。

여행지 旅行先	가는 방법 行き方	소요 시간 所要時間

4. 위의 메모를 바탕으로 여러분이 여행지에 어떻게 갔는지 써 보세요.

   上の内容をもとに、みなさんが旅行先にどのように行ったのか書いてみましょう。

발음

● 次の単語を'パッチム/ㄴ/と/ㄹ/'に注意して読んでみましょう。

산 – 물

パッチム/ㄴ/は、舌先を上の前歯につけて発音し、パッチム/ㄹ/は、舌先を/ㄴ/より若干内側の上の前歯につけて出す音です。パッチム/ㄴ/、/ㄹ/も他のパッチムと同様に、破裂した音は伴わないため、発音する際に、音を出した後、舌先を離さないよう練習しなければなりません。舌を離して破裂音となると、ひとつの音節ではなく、'-ヌ'、'-ル'のようにふたつの音節として捉えられてしまうため注意しなければなりません。

● 読んでみましょう。🎧 56

(1) 언니 – 할머니

(2) 안나 씨를 만나면 즐거워요.

(3) 토요일하고 일요일에는 친구하고 놀 거예요.

자기평가

交通手段を利用する方法を表現することができますか。	🙂	😐	🙁
ある場所に公共交通機関を利用して行く方法を説明することができますか。	🙂	😐	🙁

"환승입니다."

● 한국에서 교통카드를 사용하려면 어떻게 해야 할까요?

韓国で交通カードを利用するためにはどのようにすればいいでしょうか。

ソウルの公共交通機関は交通カードを使えば、公共交通機関をより便利に、より安く利用することができます。交通カードを利用して乗車すると、乗り換え割引を受けることができるからなんです。乗り換え割引を受ける場合は、乗り降りの際に、必ず交通カードを端末にタッチしなければなりません。端末から'ピー'という音がしたら確認ができたということです。乗り換える場合には、再び乗車時にカードを端末にをタッチすると、"환승입니다(乗り換えです)."という案内音声が流れます。しかしカードや端末認識に何か問題がある場合などには、端末から'ピビッ'という音がして、その状況によって様々な案内音声が流れます。カードを端末に正確にタッチしていない場合には"카드를 다시 대 주십시오(カードをもう一度タッチしてください。)."、交通カードの残高が250ウォン以下の場合は"잔액이 부족합니다(チャージ金額が不足しています。)."、複数の交通カードが端末に認識されてしまった場合には"카드를 한 장만 대 주십시오(カードを一枚だけタッチしてください。)."という案内音声が流れます。交通カードの残高が足りない時は近くのコンビニアや地下鉄の駅、交通カードチャージ所で충전(チャージ)してください。

● 교통카드를 사용해서 한국의 대중교통을 편리하고 저렴하게 이용해 보세요.

交通カードを利用して韓国の公共交通機関を便利に、お得に利用してみましょう。

알쏭달쏭 한국어

韓国語で時間の前後関係を表す表現には'−고'と'−아서/어서/여서'があり、これは日本語の'「-て」に該当しますが、その意味には違いがあります。'−고'は単に列挙や時間的前後関係のみを表しますが、'−아서/어서/여서'は前の文章の主語や対象、場所などが後ろの文章と関連がある場合に使用されます。

친구를 만나고 쇼핑을 했어요.
(友だちに会った後、一人でショッピングをしました。)
친구를 만나서 쇼핑을 했어요.
(友だちに会って、その友だちと一緒にショッピングをしました。)

저쪽에 가서 기다리세요.
숙제를 해서 선생님에게 냈어요.
친구 생일에 케이크를 만들어서 줬어요.

- 次のうち、間違っている文章はどれですか。選んでみましょう！

(1) 박물관에 가서 구경을 했어요.

(2) 이 사무실에서 나가고 왼쪽으로 가세요.

(3) 친구에게 신발을 사서 선물했어요.

正解 (2)

제1과 안녕하세요. 이진아예요.

19

가: 안녕하세요, 마미 씨. 처음 뵙겠습니다.
나: 처음 뵙겠습니다. 저는 와타나베 마미예요.
가: 마미 씨는 어디에서 왔어요?
나: 저는 일본 나고야에서 왔어요.
가: 마미 씨는 회사원이에요?
나: 아니요. 저는 주부예요. 우진 씨는 직업이 뭐예요?
가: 저는 회사원이에요. 만나서 반갑습니다.
나: 만나서 반갑습니다.

제2과 공원에서 뭐 해요?

23

가: 미나 씨, 지금 집에 가요?
나: 네. 진우 씨도 지금 퇴근해요?
가: 네. 미나 씨는 퇴근 후에 보통 뭐 해요?
나: 요즘 날씨가 좋아요. 그래서 저는 요즘 매일 공원에서 운동해요. 진우 씨는요?
가: 저는 요즘 학원에서 일본어를 배워요.
나: 일본어 공부는 어때요?
가: 아주 재미있어요.

제3과 이 사과 얼마예요?

27

가: 어서 오세요. 뭘 찾으세요?
나: 아저씨, 사과 있어요?
가: 네, 있어요. 사과가 아주 맛있어요.
나: 얼마예요?
가: 이건 천 삼백 원이에요.
나: 그러면 배는 얼마예요?
가: 배는 이천 원이에요.
나: 와~ 너무 비싸요. 사과만 주세요.
가: 몇 개 드릴까요?
나: 사과 일곱 개 주세요. 전부 얼마예요?
가: 구천 백 원이에요.
나: 여기 있어요.
가: 감사합니다. 또 오세요.

제4과 에리카 씨, 뭐 먹을래요?

31

가: 어서 오세요. 손님, 뭐 주문하시겠어요?
나: 잠깐만요. 마유미 씨, 뭐 먹을래요?
다: 저는 불고기를 먹고 싶어요. 우리 불고기 먹을래요?
나: 네, 좋아요. 저는 냉면도 먹고 싶어요. 마유미 씨도 냉면 먹을래요?
다: 아니요. 저는 괜찮아요.
나: 여기요. 우리 불고기 이 인분하고 냉면 하나 주세요.
가: 네, 알겠습니다. 잠시만 기다리세요.

제5과 어제 한국 친구 집에 갔어요.

35

가: 료 씨, 안녕하세요.
나: 민정 씨, 오랜만이에요. 그동안 잘 지냈어요?
가: 네. 지난주에 시험이 있었어요. 그래서 좀 바빴어요. 료 씨는 어떻게 지냈어요?
나: 지난주에 일본에서 친구가 한국에 왔어요. 그래서 친구하고 서울 여기저기를 구경했어요.
가: 그랬어요? 어디에 갔어요?
나: 인사동하고 경복궁에 갔어요.

제6과 서울극장에 어떻게 가요?

39

가: 여보세요.
나: 아, 슈지 씨, 지금 지하철역에 내렸어요?
가: 네, 지금 2번 출구로 나왔어요. 여기에서 수진 씨 집에 어떻게 가요?
나: 우리 집은 거기에서 좀 멀어요. 15분쯤 걸려요. 2번 출구 근처에 편의점이 하나 있지요?

가: 네, 있어요.
나: 편의점 앞에서 길을 건너가세요. 그리고 오른쪽으로 똑바로 가세요. 그러면 커피숍이 있어요. 커피숍 앞에서 왼쪽으로 가세요.
가: 길을 건너서 오른쪽, 커피숍 앞에서 왼쪽이요?
나: 네. 커피숍 앞에서 300m쯤 가세요. 그러면 하나 빌딩이 있어요. 우리 집은 하나 빌딩 3층이에요.
가: 네, 알겠어요.
나: 못 찾으면 다시 전화하세요.

제7과 저는 축구하는 것을 좋아해요.

43

가: 사유리 씨, 지금 무슨 음악 들어요?
나: 한국 가요를 들어요. 유키 씨, 이 가수 알아요?
가: 네, 알아요. 사유리 씨, 이 가수 좋아해요?
나: 네, 좋아해요. 노래도 잘하고 춤도 잘 춰서 정말 좋아해요. 유키 씨도 한국 가요 좋아해요?
가: 네, 좋아해요. 그런데 저는 한국 노래 듣는 것보다 한국 영화 보는 걸 더 좋아해요.

제8과 야구를 보러 잠실에 갈 거예요.

47

가: 지석 씨, 주말에 뭐 할 거예요?
나: 이번 주 토요일이 15일이지요? 토요일에는 가족 모임이 있어서 거기 갈 거예요. 미호 씨는요? 뭐 할 거예요?
가: 저는 집에서 그냥 쉴 거예요. 좀 피곤해서요.
나: 그럼 일요일에 저하고 같이 영화 보는 거 어때요?
가: 좋아요. 그럼 점심에 만나서 밥 먹고 영화를 보러 가요.

제9과 밖에 눈이 와요.

51

지금 서울에는 비가 오고 있습니다. 그렇지만 이번 주말에는 꽃구경을 갈 수 있겠습니다.
오늘까지 비가 오고 바람이 많이 불었지만 토요일에는 개겠습니다. 그리고 일요일에는 바람도 없고 따뜻하겠습니다.
즐거운 주말 보내시기 바랍니다. 날씨였습니다.

제10과 청구역에서 6호선으로 갈아타야 돼요.

55

가: 오늘 우리 삼청동에 갈래요?
나: 네, 좋아요. 그런데 삼청동에 어떻게 가야 돼요?
가: 글쎄요. 우리 같이 찾아봐요. 압구정동에서 삼청동 가는 방법……. 나왔다! 지하철도 있고 472번 버스도 있네요. 지하철 3호선이 안국역까지 한 번에 가요. 그런데 안국역에서 3번 출구로 나와서 2번 버스로 갈아타야 돼요.
나: 버스는요? 472번 버스도 갈아타야 돼요?
가: 네. 472번 버스를 타고 을지로 입구까지 가서 11번 버스로 갈아타야 돼요.
나: 오늘은 토요일이니까 길이 많이 복잡할 거예요. 우리 지하철을 타요.
가: 그래요. 그리고 안국역에서 걸어서 가는 건 어때요? 별로 안 멀 거예요.
나: 그래요. 그럼 안국역에서 걸어서 가요.

❖ 正解 ❖

제1과 안녕하세요. 저는 이진아예요.

어휘・표현

1 국적

연습1

(1) 가: 어디에서 왔어요?
　　나: 호주에서 왔어요.
(2) 가: 어디에서 왔어요?
　　나: 러시아에서 왔어요.
(3) 가: 어디에서 왔어요?
　　나: 일본에서 왔어요.
(4) 가: 어디에서 왔어요?
　　나: 프랑스에서 왔어요.
(5) 가: 어디에서 왔어요?
　　나: 멕시코에서 왔어요.
(6) 가: 어디에서 왔어요?
　　나: 이집트에서 왔어요.

2 직업

연습1

(1) 가: 직업이 뭐예요?
　　나: 연예인이에요.
(2) 가: 직업이 뭐예요?
　　나: 운동선수예요.
(3) 가: 직업이 뭐예요?
　　나: 의사예요.
(4) 가: 직업이 뭐예요?
　　나: 선생님이에요.
(5) 가: 직업이 뭐예요?
　　나: 경찰관이에요.
(6) 가: 직업이 뭐예요?
　　나: 주부예요.

문법

1 -이에요/예요

연습1

(1) 에리(이에요 / [예요])
(2) 한지민([이에요] / 예요)
(3) 의사(이에요 / [예요])
(4) 공무원([이에요] / 예요)

연습2

(1) 회사원이에요.
(2) 김수진이에요.
(3) 운동선수예요.
(4) 가: 이름이 뭐예요?
　　나: 저는 유스케예요.

2 -은/는

연습1

(1) 현지(은 / [는]) 학생이에요.
(2) 영아 씨(은 / [는]) 학생이에요.
(3) 제 이름([은] / 는) 이지영이에요.
(4) 다니엘 선생님([은] / 는) 미국 사람이에요.

연습2

(1) 저는 아사리 아유미예요.
(2) 저는 의사예요.
(3) 제 고향은 부산이에요.
(4) 가: 어디에서 왔어요?
　　나: 저는 오사카에서 왔어요.

활동

1 들어 보세요.

(1) 일본 나고야에서 왔어요.
(2) ④

3 읽어 보세요.

(1) 카토 사토미예요.
(2) 도쿄에서 왔어요.
(3) 일본어 선생님이에요.

제2과 공원에서 뭐 해요?

어휘·표현

1 장소

연습1

(1) 가: 어디예요?
　　나: 식당이에요.
(2) 가: 어디예요?
　　나: 공항이에요.
(3) 가: 어디예요?
　　나: 편의점이에요.
(4) 가: 어디예요?
　　나: 은행이에요.
(5) 가: 어디예요?
　　나: 학교예요.
(6) 가: 어디예요?
　　나: 커피숍이에요.

2 동사

연습1

(1) 먹다	(2) 사다
(3) 운동하다	(4) 마시다
(5) 공부하다	(6) 보다

문법

1 -아요/어요/여요

연습1

(1) 놀아요	(2) 읽어요
(3) 가요.	(4) 와요
(5) 운동해요	(6) 공부해요
(7) 커요	(8) 아파요
(9) 마셔요	(10) 들어요

연습2

(1) 가: 뭐 해요?
　　나: (책을) 읽어요.
(2) 가: 뭐 해요?
　　나: (텔레비전을) 봐요.
(3) 가: 뭐 해요?
　　나: 학교에 가요.
(4) 가: 뭐 해요?
　　나: (밥을) 먹어요.
(5) 가: 뭐 해요?
　　나: 이야기해요.
(6) 가: 뭐 해요?
　　나: (음악을) 들어요.

2 -을/를

연습1

(1) 커피를 마셔요.
(2) 밥을 먹어요.
(3) 음악을 들어요.
(4) 아이스크림을 사요.

연습2

(1) (학교에서) 한국어를 공부해요.
(2) (집에서) 편지를 써요.
(3) 텔레비전을 봐요.
(4) 가: 지금 뭐 해요?
　　나: (커피숍에서) 커피를 마셔요.

활동

1 들어 보세요.

(1) ①
(2) ②

3 읽어 보세요.

(1) - (5) - (3) - (2) - (4)

제3과 이 사과 얼마예요?

어휘 · 표현

1 물건

연습1

(1) 가: 뭐 사요?
나: 휴지를 사요.

(2) 가: 뭐 사요?
나: 빵을 사요.

(3) 가: 뭐 사요?
나: 사과를 사요.

(4) 가: 뭐 사요?
나: 연필을 사요.

(5) 가: 뭐 사요?
나: 물을 사요.

(6) 가: 뭐 사요?
나: 커피를 사요.

2 수

연습1

(1) 가: 이거 얼마예요?
나: 팔백 원이에요.

(2) 가: 이거 얼마예요?
나: 천칠 원이에요.

(3) 가: 이거 얼마예요?
나: 삼천팔백 원이에요.

(4) 가: 이거 얼마예요?
나: 만사천 원이에요.

(5) 가: 이거 얼마예요?
나: 이만육천오백 원이에요.

(6) 가: 이거 얼마예요?
나: 삼십사만이백 원이에요.

문법

1 -이/가

연습1

(1) 라면이 싸요.
(2) 친구가 학교에 가요.
(3) 한국어 공부가 재미있어요.
(4) 교실에 책이 있어요.

연습2

(1) 연필이 있어요.
(2) 민석 씨가 와요.
(3) 배가 제일 맛있어요.
(4) 커피숍이 있어요.

2 수량 명사

연습1

(1) 사과 네 개　　(2) 커피 세 잔
(3) 학생 다섯 명　　(4) 책 일곱 권

연습2

(1) 물 일곱 병 주세요.
(2) 책 세 권하고 연필 두 개가 있어요.
(3) 사과 여섯 개하고 귤 열 개 주세요.
(4) 다섯 살이에요.

활동

1 들어 보세요.

(1) 사과
(2) 일곱 개
(3) 구천 백 원

3 읽어 보세요.

(1) ○
(2) ×
(3) ×

어휘・표현

1 음식

연습1

(1) 가: 이 식당은 뭐가 맛있어요?
나: 냉면이 맛있어요.

(2) 가: 이 식당은 뭐가 맛있어요?
나: 된장찌개가 맛있어요.

(3) 가: 이 식당은 뭐가 맛있어요?
나: 비빔밥이 맛있어요.

(4) 가: 이 식당은 뭐가 맛있어요?
나: 돈가스가 맛있어요.

2 맛

연습1

(1) 가: 맛이 어때요?
나: 매워요.

(2) 가: 맛이 어때요?
나: 짜요.

(3) 가: 맛이 어때요?
나: 써요.

(4) 가: 맛이 어때요?
나: 셔요.

문법

1 -고 싶다

연습1

(1) 읽고 싶어요
(2) 사고 싶어요
(3) 쇼핑하고 싶어요
(4) 산책하고 싶어요
(5) 배우고 싶어요
(6) 마시고 싶어요
(7) 만들고 싶어요
(8) 듣고 싶어요

연습2

(1) 집에서 책을 읽고 싶어요.
(2) 공원에서 산책하고 싶어요.
(3) 쇼핑하고 싶어요.
(4) 가: (주말에) 뭐 하고 싶어요?
나: (극장에서) 영화를 보고 싶어요.

2 -(으)ㄹ래요

연습1

(1) 먹을래요	(2) 만날래요
(3) 살래요	(4) 운동할래요
(5) 볼래요	(6) 마실래요
(7) 놀래요	(8) 들을래요

연습2

(1) 저는 집에서 음악을 들을래요.
(2) 저는 극장에서 영화를 볼래요.
(3) 커피숍에서 커피를 마실래요?
(4) 도서관에서 책을 읽을래요?

활동

1 들어 보세요.

(1) ②

3 읽어 보세요.

(1) ×
(2) ○
(3) ×

어휘 • 표현

1 시간 1

연습1

(1) 어제 (2) 내일
(3) 지난주 (4) 이번 주
(5) 지난달 (6) 다음 달
(7) 작년 (8) 내년

2 시간 2

연습1

(1) 가: 지금 몇 시예요?
나: 한 시 삼십 분(한 시 반)이에요.
(2) 가: 지금 몇 시예요?
나: 네 시 십 분이에요.
(3) 가: 지금 몇 시예요?
나: 열 시 이십 분이에요.
(4) 가: 지금 몇 시예요?
나: 열두 시예요.

연습2

(1) 아침 (2) 오전
(3) 오후 (4) 저녁
(5) 밤 (6) 새벽

문법

1 -았/었/였-

연습1

(1) 놀았어요
(2) 봤어요
(3) 읽었어요
(4) 마셨어요
(5) 썼어요
(6) 아팠어요
(7) 전화했어요
(8) 어려웠어요
(9) 들었어요
(10) 선생님이었어요

연습2

(1) 운동했어요.
(2) 만났어요.
(3) 음악을 들었어요.
(4) 어려웠어요.
(5) 연예인이었어요.
(6) 가: (어제) 뭐 했어요?
나: 커피숍에서 친구하고 이야기했어요.

2 -에

연습1

(1) 다음 달에 고향에 가요.
(2) 친구가 어제× 전화했어요.
(3) 오늘 점심에 비빔밥을 먹었어요.
(4) 올해× 제주도를 여행하고 싶어요.

연습2

(1) 오늘 명동에 가요.
(2) 어제 두 시에 만났어요.
(3) 다음 주에 가요.
(4) 내일 한국어 수업이 시작돼요.

활동

1 들어 보세요.

(1) 친구하고 인사동하고 경복궁을 구경했어요.
(2) 시험이 있었어요. 그래서 바빴어요.

3 읽어 보세요.

(1) 지난달에 일본에 갔어요.
(2) 친구들하고 도쿄타워에 갔어요.

어휘·표현

1 위치와 방향

연습1

(1) 가: 책이 어디에 있어요?
나: 가방 안에 있어요.
(2) 가: 가방이 어디에 있어요?
나: 책상 앞에 있어요.
(3) 가: 영희가 어디에 있어요?
나: 미나 옆에 있어요.
(4) 가: 컴퓨터가 어디에 있어요?
나: 책상 위에 있어요.
(5) 가: 텔레비전이 어디에 있어요?
나: 책상 옆에 있어요.
(6) 가: 철수가 어디에 있어요?
나: 방 밖에 있어요.

2 이동

연습1

(1) 올라가요. (2) 내려가요.
(3) 내려와요. (4) 나가요.
(5) 들어가요. (6) 들어와요.

문법

1 -(으)세요

연습1

(1) 보세요. (2) 쉬세요.
(3) 읽으세요. (4) 앉으세요.
(5) 만드세요. (6) 들으세요.

연습2

(1) 주세요. (2) 오세요.
(3) 읽으세요. (4) 연습하세요.
(5) 쉬세요.

2 -(으)로

연습1

(1) 뒤로 가세요.
(2) 종각역으로 가세요.
(3) 교실로 가세요.
(4) 3층으로 가세요.

연습2

(1) 왼쪽으로 가세요.
(2) 이쪽으로 쭉 가세요.
(3) 위로 올라가세요.
(4) 안으로 들어가세요.

연습3

(1) 가: 은행이 어디에 있어요?
나: 저기 빵집 앞에서 왼쪽으로 가세요. 그러면 오른쪽에 있어요.
(2) 가: 극장이 어디에 있어요?
나: 저기 커피숍에서 오른쪽으로 가세요. 거기에서 길을 건너가세요.
(3) 가: 안암식당이 어디에 있어요?
나: 저기 빵집 앞에서 왼쪽으로 가세요.
(4) 가: 병원이 어디에 있어요?
나: 저기 커피숍에서 오른쪽으로 가세요.

활동

1 들어 보세요.

(1) ③

3 읽어 보세요.

(1) ○
(2) ○
(3) ×

제7과 저는 축구하는 것을 좋아해요.

어휘 · 표현

1 취미

연습1

(1) 가: 시간 있을 때 보통 뭐 해요?
나: 그림을 그려요.

(2) 가: 시간 있을 때 보통 뭐 해요?
나: 야구를 해요.

(3) 가: 시간 있을 때 보통 뭐 해요?
나: 사진을 찍어요.

(4) 가: 시간 있을 때 보통 뭐 해요?
나: 춤을 춰요.

(5) 가: 시간 있을 때 보통 뭐 해요?
나: 피아노를 쳐요.

(6) 가: 시간 있을 때 보통 뭐 해요?
나: 테니스를 쳐요.

2 빈도 표현

연습1

(1) 가: 운동을 자주 해요?
나: 네, 자주 해요./ 아니요, 가끔(별로 안, 거의 안, 전혀 안) 해요.

(2) 가: 한국 음식을 자주 먹어요?
나: 네, 자주 먹어요./ 아니요, 가끔(별로 안, 거의 안, 전혀 안) 먹어요.

(3) 가: 영화를 자주 봐요?
나: 네, 자주 봐요./ 아니요, 가끔(별로 안, 거의 안, 전혀 안) 봐요.

(4) 가: 여행을 자주 해요?
나: 네, 자주 해요./ 아니요, 가끔(별로 안, 거의 안, 전혀 안) 해요.

연습2

(1) 가: 운동을 얼마나 자주 해요?
나: 삼 일에 한 번 해요.

(2) 가: 한국 음식을 얼마나 자주 먹어요?
나: 일주일에 한 번 먹어요.

(3) 가: 영화를 얼마나 자주 봐요?
나: 한 달에 한 번 봐요.

(4) 가: 여행을 얼마나 자주 해요?
나: 일 년에 한 번 해요.

문법

1 -는 것

연습1

(1) 사진을 찍는 것 (2) 피아노를 치는 것
(3) 음악을 듣는 것 (4) 음식을 만드는 것

연습2

(1) 춤을 추는 것을 좋아해요.
(2) 야구를 보는 것을
(3) 집에 있는 것을
(4) 등산을 하는 것이에요.

2 -아서/어서/여서

연습1

(1) 좋아서 (2) 봐서
(3) 마셔서 (4) 들어서
(5) 아파서 (6) 예뻐서
(7) 어려워서 (8) 전화해서
(9) 학생이라서 (10) 친구라서

연습2

(1) 시간이 없어서 (2) 약속이 있어서
(3) 휴일이라서 (4) 많이 걸어서

활동

1 들어 보세요.

(1) ③
(2) 노래도 잘하고 춤도 잘 춰서 이 가수를 좋아해요.

3 읽어 보세요.

(1) ○
(2) ×

어휘 • 표현

1 요일과 날짜

연습1

(1) 가: 몇 월 며칠이에요?
 나: 일월 십육일이에요.
(2) 가: 몇 월 며칠이에요?
 나: 삼월 이십일일이에요.
(3) 가: 몇 월 며칠이에요?
 나: 유월 이십사일이에요.
(4) 가: 몇 월 며칠이에요?
 나: 칠월 십이일이에요.
(5) 가: 몇 월 며칠이에요?
 나: 시월 이십구일이에요.
(6) 가: 몇 월 며칠이에요?
 나: 십이월 칠일이에요.

연습2

(1) 가: 4월 12일은 무슨 요일이에요?
 나: 수요일이에요.
(2) 가: 4월 14일은 무슨 요일이에요?
 나: 금요일이에요.
(3) 가: 4월 16일은 무슨 요일이에요?
 나: 일요일이에요.
(4) 가: 4월 18일은 무슨 요일이에요?
 나: 화요일이에요.

2 주말 활동 표현

연습1

(1) 집에서 쉬었어요.
(2) 가족들과 시간을 보냈어요.
(3) 구경했어요.
(4) 등산을 해요.

문법

1 -(으)ㄹ 것이다

연습1

(1) 볼 거예요 (2) 잘 거예요
(3) 쉴 거예요 (4) 입을 거예요
(5) 들을 거예요 (6) 만들 거예요

연습2

(1) 영화를 볼 거예요.
(2) 갈 거예요.
(3) 냉면을 먹을 거예요.
(4) 케이크를 만들 거예요.

2 -(으)러

연습1

(1) 운동하러 가요 (2) 사러 가요
(3) 먹으러 가요 (4) 읽으러 가요
(5) 놀러 가요 (6) 들으러 가요

연습2

(1) 만나러 가요.
(2) 영화 보러 갈 거예요.
(3) 공부하러 자주 와요.
(4) 사러 왔어요.

활동

1 들어 보세요.

(1) 가족 모임에 갈 거예요.
(2) 남자하고 점심에 만나서 밥 먹고 영화를 볼 거예요.

3 읽어 보세요.

(1) ○
(2) ×
(3) ○

어휘 · 표현

1 날씨 표현

연습1

(1) 가: 오늘 날씨가 어때요?
　나: 맑아요.
(2) 가: 오늘 날씨가 어때요?
　나: 비가 와요.
(3) 가: 오늘 날씨가 어때요?
　나: 건조해요.
(4) 가: 오늘 날씨가 어때요?
　나: 따뜻해요.
(5) 가: 오늘 날씨가 어때요?
　나: 추워요.
(6) 가: 오늘 날씨가 어때요?
　나: 흐려요.

2 계절 표현

연습1

(1) - 봄
　가: 봄에는 뭐 해요?
　나: 꽃구경을 가요.
(2) - 가을
　가: 가을에는 뭐 해요?
　나: 단풍 구경을 해요.
(3) - 여름
　가: 여름에는 뭐 해요?
　나: 해수욕장에 가요.
(4) - 겨울
　가: 겨울에는 뭐 해요?
　나: 스키를 타요.
(5) - 여름
　가: 여름에는 뭘 해요?
　나: 피서를 가요.

문법

1 -지만

연습1

(1) 있지만　(2) 덥지만
(3) 갔지만　(4) 일본 사람이지만

연습2

(1) 한국어 공부는 어렵지만
(2) 일본어는 잘하지만
(3) 열심히 공부했지만
(4) 비싸지만
(5) 힘들었지만
(6) 백화점에 갔지만

2 -(으)ㄹ 수 있다/없다

연습1

(1) 볼 수 있어요　(2) 읽을 수 없어요
(3) 들을 수 있어요　(4) 만들 수 없어요

연습2

(1) 칠 수 있어요.
(2) 살 수 있어요.
(3) 축구를 할 수 없어요.
(4) 만들 수 있어요?
(5) 운전할 수 있어요?
(6) 가게에서 물건을 살 수 있어요.

활동

1 들어 보세요.

(1) ①, ③
(2) ②, ③

3 읽어 보세요.

(1) ×
(2) ×
(3) ○

어휘・표현

1 교통수단

연습1

(1) 가: 뭘 타고 가요?
　　나: 지하철을 타고 가요.

(2) 가: 뭘 타고 가요?
　　나: 버스를 타고 가요.

(3) 가: 뭘 타고 가요?
　　나: 택시를 타고 가요.

(4) 가: 뭘 타고 가요?
　　나: 기차를 타고 가요.

(5) 가: 뭘 타고 가요?
　　나: 자전거를 타고 가요.

(6) 가: 뭘 타고 가요?
　　나: 비행기를 타고 가요.

2 대중교통 관련 표현

연습1

(1) 갈아타요?

(2) 길이 막히네요.

(3) 한 번에 가서

(4) 좀 돌아가서

(5) 서서 와서

문법

1 -아야/어야/여야 되다

연습1

(1) 봐야 돼요

(2) 먹어야 돼요

(3) 써야 돼요

(4) 전화해야 돼요

(5) 만들어야 돼요

(6) 들어야 돼요

연습2

(1) 공부해야 돼요.

(2) 내야 돼요?

(3) 써야 돼요.

(4) 만들어야 돼요.

(5) 선물을 사야 돼요.

(6) 만나야 돼요.

2 -(으)ㄹ 것이다

연습1

(1) 예쁠 거예요

(2) 읽을 거예요

(3) 들을 거예요

(4) 멀 거예요

(5) 더울 거예요

(6) 의사일 거예요

연습2

(1) 맛있을 거예요.

(2) 앉아서 갈 수 있을 거예요.

(3) 방세가 비쌀 거예요.

(4) 어려울 거예요.

(5) 있을 거예요.

(6) 도착했을 거예요.

활동

1 들어 보세요.

(1) 지하철 3호선/ 2번 버스
　　472번 버스/ 11번 버스

(2) 걸어서 갈 거예요.

3 읽어 보세요.

(1) ○

(2) ○

(3) ×

❖ 索引 ❖

술술 한국어 1

초판 발행 1쇄 2014년 8월 1일

지은이 고려대학교 국제어학원 한국어센터

펴낸곳 고려대학교출판부
www.kupress.com
kupress@korea.ac.kr
136-701 서울특별시 성북구 안암동
02-3290-4230, 4232
Fax 923-6311

찍은곳 한국컴퓨터인쇄정보

ISBN 978-89-7641-837-1 13710

값 30,000원(별책 포함)

*본문 녹음 WAV 파일은 고려대학교출판부
홈페이지 자료실에서 내려받을 수 있습니다.

*잘못 만들어진 책은 바꿔드립니다.